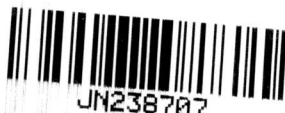

基本テクニックだけでつくる

天然石ジュエリー

横堀美穂

講談社

はじめに

光を受けてきらめく天然石は、ガラスやプラスティックにはない深い輝きと上質感を備えているもの。女性の心を華やかに満たしてくれる存在です。
本書には、そんな天然石を自分の手でジュエリーに仕立てる、ハンドメイドジュエリーのテクニックと必要な知識を詰め込みました。

大切にしたのは、「初めての人にも必ず伝わるわかりやすさ」と「大人の女性にふさわしい洗練されたデザイン性」の２つ。

Part 1では、基本のテクニックをひとつずつ丁寧に解説し、その１つのテクニックだけで完成するレシピを紹介しています。
Part 1の作品をひと通りつくることで、ジュエリーづくりに必要なテクニックが確実に身につく構成になっています。

Part 2では、基本テクニックを組み合わせてつくる、よりデザイン性の高いジュエリーを中心に紹介。
基本のテクニックだけでも、セレクトショップに並んでいるような洗練されたジュエリーがつくれるので、ぜひ挑戦してほしいと思います。

本書の作品は、大人の女性が身につけるのにふさわしい上質感、日常で活躍するシンプルさ、上品で洗練された雰囲気を意識してデザインしました。
日常使いから、ちょっとしたお出かけ、あらたまった席まで、さまざまなシーンでおしゃれに華を添えてくれることでしょう。

上質な天然石ジュエリーを身につけることはとても心躍るものですが、それが自分で仕立てたものなら、喜びもひとしお。
つくる時間も、つくった作品も最高の宝物になるのが天然石ジュエリーづくりです。
ぜひ本書をきっかけに始めてみてください。

contents

Part 1

「通す」「結ぶ」「つなぐ」「留める」だけ！

ワンテクニックでできる天然石ジュエリー

〈 〉はつくり方のページ

〈 〉はつくり方のページ

Part 2 基本テクニックを組み合わせてつくる 天然石のリュクスジュエリー

Part 3 つくる前に知っておきたい ジュエリーづくりの基礎知識

Part 4 天然石ジュエリーのつくり方

本書の使い方

✳ Part 1から始めましょう

天然石ジュエリーを初めてつくる方は、Part 1から始めることをおすすめします。Part 1ではジュエリーづくりに必要な5つの基本テクニックを丁寧に解説し、それぞれ1つのテクニックだけで完成するジュエリーを紹介しています。Part 1の作品をひと通りつくることで、天然石ジュエリーづくりに必要なテクニックが身につくようになっています。

Part 2では、基本テクニックをいくつか組み合わせてつくるジュエリーを主に紹介しています。Part 1の基本テクニックをマスターすれば、迷うことなくつくれるはずです。

✳ テクニックマークを難易度の目安に

すべてのジュエリーに、使用する基本テクニックのマークを付けています。難易度の目安にしてください。

通す　結ぶ　つなぐ　チャーム留め　めがね留め

Part 1

「通す」「結ぶ」「つなぐ」「留める」だけ！

ワンテクニックでできる天然石ジュエリー

ここで紹介するのは「ワイヤーやリボンをパーツに通すだけ」「コードを結ぶだけ」
「ピンで輪をつくってつなぐだけ」「ワイヤーで石を留めるだけ」など、
１つのテクニックだけで完成するレシピ。初めての人でも、悩まず、無理なくできるはずです。
後ろのページになるほど難易度が徐々にアップするので、初心者は初めからスタートするのがおすすめ。
Part１の作品をひと通りつくることで、
ジュエリーをつくるための基本テクニックを身につけることができます。

初めての人はここからスタート。基本中の基本のテクニック

✳ 丸カンの開閉と付け方

{ 開き方 }

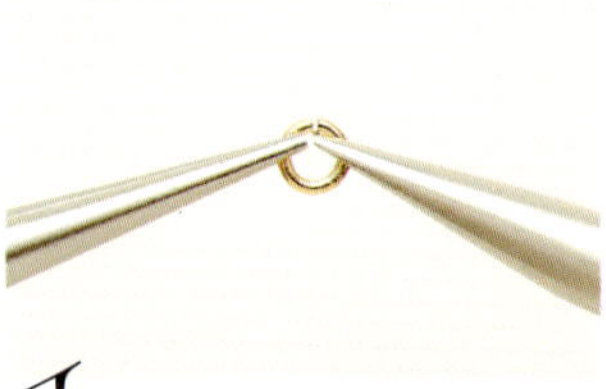

1 2本のペンチで左右から挟む

丸カンの切れ目が上になるように、平ペンチと丸ペンチ（あれば別の平ペンチ）で丸カンを左右からしっかりと挟む。

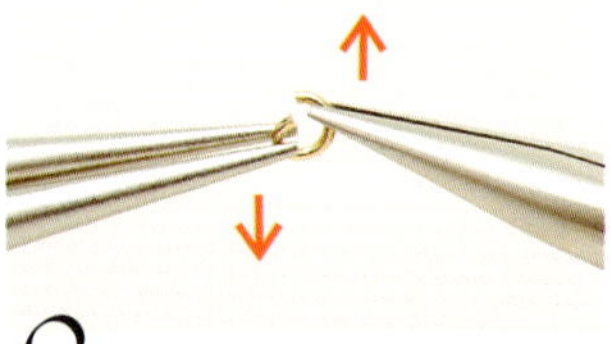

2 前後にねじって開く

左側を手前に、右側を奥にねじるように力を加えて切れ目を前後に開く。切れ目を横に広げたり、開きすぎると、輪がゆがむので注意。

×

切れ目を横に広げてしまったNG例

○

前後にねじるように開けば成功！

{ 閉じ方 }

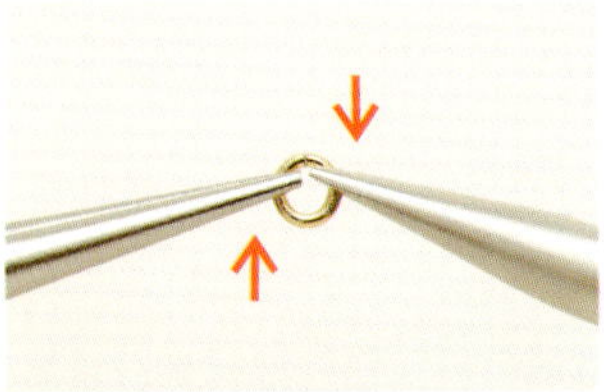

前後にねじって閉じる

開いた切れ目を上にして、２本のペンチで左右からしっかりと挟む。左側を奥に、右側を手前にねじって左右を寄せ合い、しっかりと閉じる。

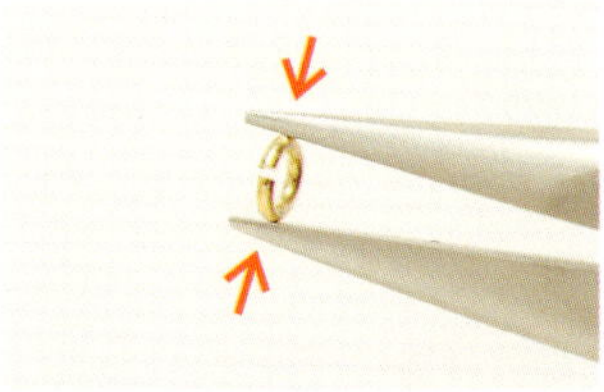

隙間ができたら横から挟む

閉じたあと、切れ目に隙間ができた場合は丸カンを横から平ペンチで挟み、そっと力を加えて閉じる。力を加えすぎると輪がゆがむので注意。

{ 付け方 }

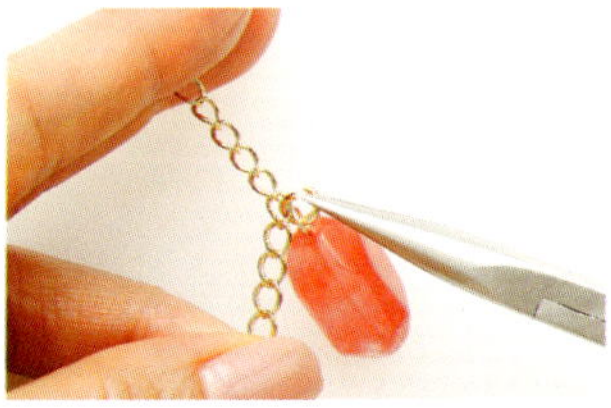

付けたいところに輪の端を通す

開いた輪の端を、チェーンのコマやパーツのカンなどに差し入れてから、丸カンを閉じる。

✳ 材料をカットする

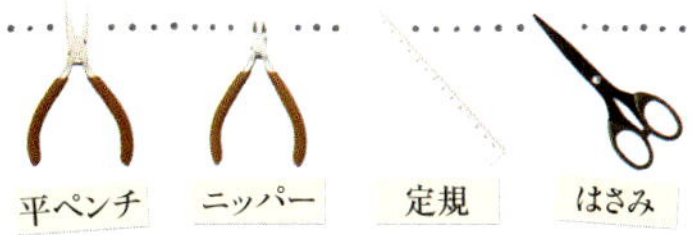

{ チェーン }

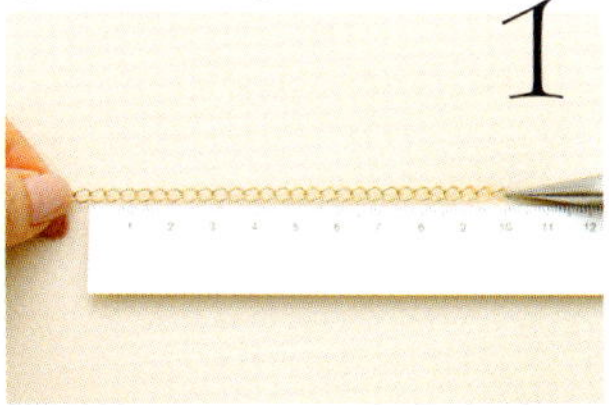

定規で長さを計る

たるまないようまっすぐにチェーンを伸ばし、定規に当てて必要な長さを計る。細いチェーンの場合は平ペンチで端を挟むと伸ばしやすい。

ニッパーでカットする

必要な長さの1つ先のコマをニッパーでカットする。一気に力を加えず、徐々に力を加えてカットすると、カットしたコマが飛び散りにくい。

{ ワイヤー、コード }

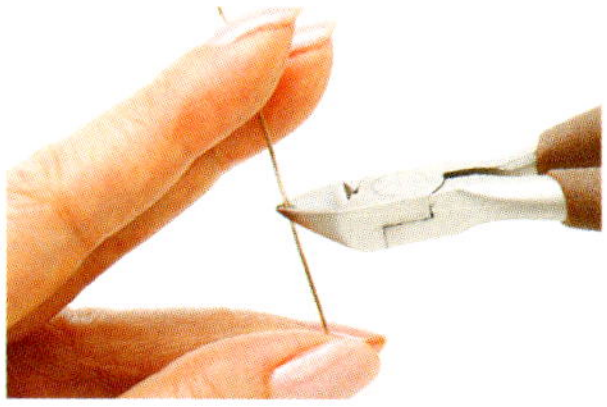

指で上下を挟んでカット

ワイヤーはまっすぐに伸ばしてから定規で必要な長さを計る。カットしたあとに飛び散らないよう、上下をそれぞれ指で挟んでからニッパーでカット。コードも同様にしてニッパーかはさみでカットする。

基本テクニックⅠ 「通す」

本書で扱う天然石は、すべて通し穴があいている「天然石ビーズ」。それらにコードやワイヤー、ピンなどを「通す」ことが、ジュエリーに仕上げる第一歩となります。ジュエリーづくりの入り口として、まずは「通す」テクニックを身につけましょう。

✳ 前準備

サイズを確認する

ワイヤー、革紐、コットンコードなど、どんな素材の場合も、使う石やパーツの穴に通るサイズかどうか、確認してから購入しましょう。さらに、つくり始める前には通したい石やパーツすべてに革紐やコードを通してみて、実際にサイズが合っているか確認すること。

✳ ワイヤー、ピンを通す

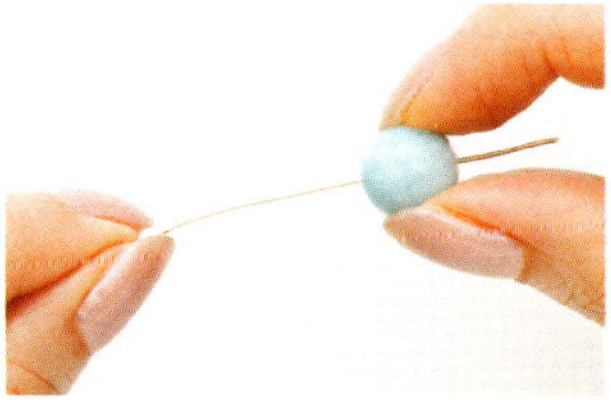

先端から通す

ワイヤーはニッパーで必要な長さにカットし、指でまっすぐに伸ばしておく。石やパーツの穴にワイヤーやピンの先端を通す。通らない場合はもっと細いものに替えるか、同じ石があれば石を替えて通してみる。無理に通すと石が割れてしまうので注意。

✳ フープピアスを通す

カーブに合わせて少しずつ通す

石やパーツの穴にフープピアスの先端を差し込んで通し、カーブに合わせて少しずつ石を移動させる。無理に通すと石が割れてしまうので注意。

✳ リボンを通す

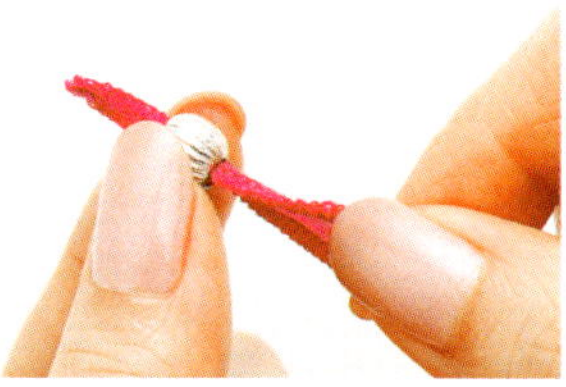

リボンの端を差し込む

リボンの端をなるべく細くなるようにまとめてから、石やパーツの穴に通す。

{ 通しにくいとき }

目打ちで押し込む

リボンが柔らかくて差し込みにくい場合は、目打ちでリボンの端を穴に押し込むようにして通す。無理に押し込むと目打ちでリボンに穴をあけてしまうので注意。反対側の穴から端が少し出たら、平ペンチで挟んで引き出す。強く引っ張るとリボンが毛羽立ったり、切れてしまうので、少しずつそっと引き出す。

基本テクニックⅠ
「通す」

＊革紐、コットンコードを通す

ニッパー

1

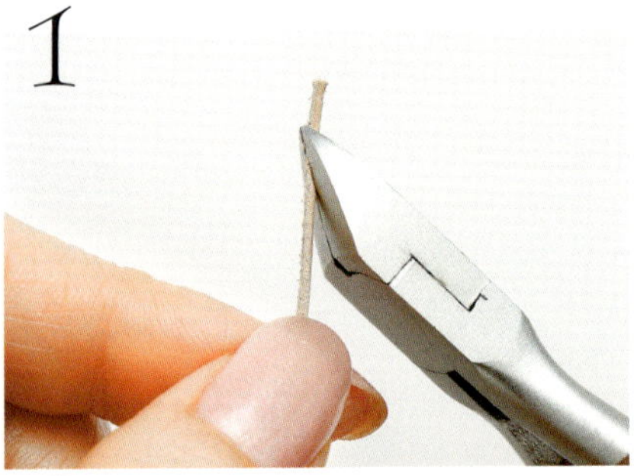

先端を斜めにカットする

石やパーツの穴に差し込みやすくなるように、革紐やコットンコードの先端をニッパーで斜めにカットする。

2

石の穴に差し込んで通す

石の穴に革紐やコットンコードの先端を差し込んで通す。先端だけ通したあと、引っ掛かったように通らないときは、先端を平ペンチで挟んでそっと引き出す。強く引っ張ると革紐が切れるので注意。

｛通しにくいとき｝

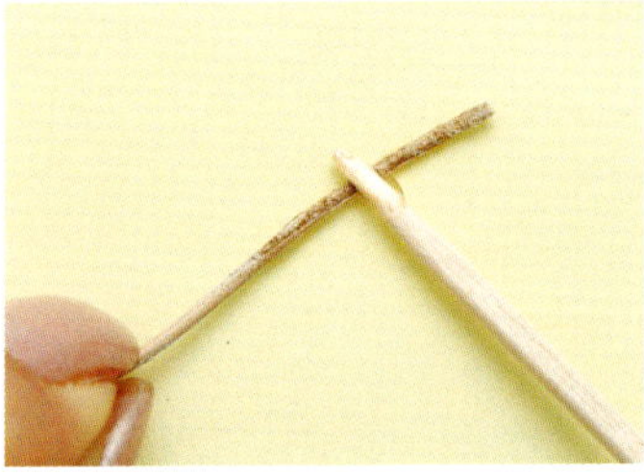

先端を接着剤で固める

先端も出ないほど通りにくい場合は、通す前に革紐やコットンコードの先端に接着剤を塗布して固めるとよい。楊枝に少量の接着剤をとり、革紐やコットンコードの先端1～2㎝の範囲に楊枝でしごくようにして接着剤を塗る。固まったら接着剤を塗った先端部分を斜めにカットする。

＊シルクビーズコードを通す

ニッパー

はさみ

1

コードを台紙からはずす

シルクビーズコードを台紙からすべてはずす。コードが余ったときのために、台紙は捨てずにとっておく。

2

針をまっすぐに伸ばす

先端に付いている針を指でしごくようにしてまっすぐに伸ばす。通した石が抜けないように、二つ折りにしたテープでコードの端を挟んでおく。

3

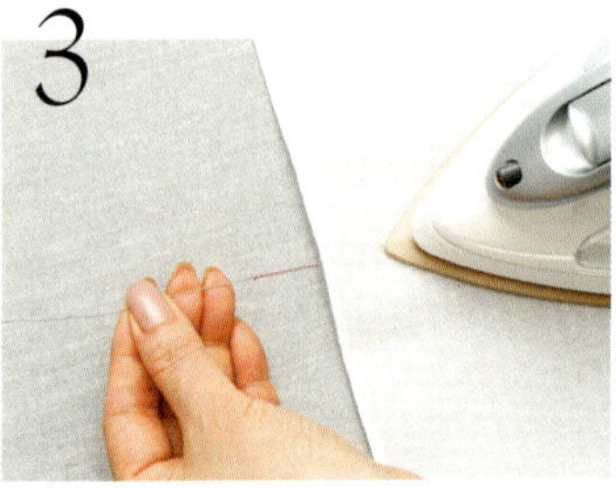

コードにアイロンをかける

コードには折れ目がついているのでアイロンをかけて伸ばす。アイロン台の上にコードをまっすぐに伸ばして置き、当て布をして低温のアイロンをのせる。アイロンはそのまま動かさず、コードをアイロンの下を滑らせるようにしてゆっくりと引っ張る。

4

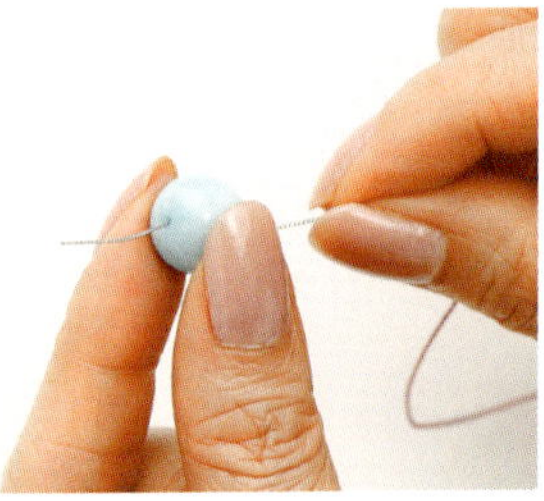

針を石の穴に通す

針を石やパーツの穴に差し込み、先端をそっと引いてコードを通す。通しにくいときは針の先端を平ペンチで挟み、そっと引く。強く引っ張るとコードが切れるので注意。

基本テクニックI 「通す」だけでできるピアス

A1 シトリンチャーム×ブラックスピネルのフリンジピアス

A2 アメジストのフープピアス

A3 グリーンアメジストのドロップピアス

A4 ピンクカルサイトのハートピアス

A1
how to make >p.56

フラワーモチーフ×黒い天然石の甘辛バランスで、あか抜け感を演出。天然石のハンドメイドチェーンは、カットしてピアスフックに通すだけ。労せずに華やかさがプラスできるアイテムです。ゴールドのシトリンチャームで、リッチ感もワンランクアップ。

A2
how to make >p.56

正面に通し穴がある天然石は使い方に迷うアイテムですが、そのシンプルな使い道を提案。フープに直接通し、シンプルなピアスに仕立てました。リボンのチャームを添えてワンポイントに。気分に合わせてチャームを取りはずしできる2WAYタイプです。

A3
how to make >p.57

清涼感あふれるグリーンアメジストが主役のピアス。ドロップ形の石に合わせてピアス金具もドロップ形で揃えました。大粒の石の引き立て役は、下に垂らしたブルームーンストーンのハンドメイドチェーン。エレガントな雰囲気を格上げする、名脇役です。

A4
how to make >p.57

ハートやリボンのモチーフも、上質感を備えた天然石と合わせれば、大人っぽいクラス感が生まれます。ピンクの石もノスタルジックなトーンで大人色に。石とパーツはピアス金具に直接通し、ピアスに付属のビーズを先端に接着剤で留めるだけで完成します。

基本テクニック I
「通す」だけでできる
ブレス＆ネックレス

インパクトのあるピンクのシルクシフォンリボンに、シルバーパーツとクリスタルのチャームを通したラグジュアリーなブレスレット。手首にグルグルと巻くだけで、シンプルなファッションの効果的な差し色アイテムになります。手首に巻いてから、石やパーツは好きな位置に移動可能。つけ方のアレンジも楽しめるブレスレットです。

B1
シルクシフォンリボン
ブレスレット

how to make >*p.58*

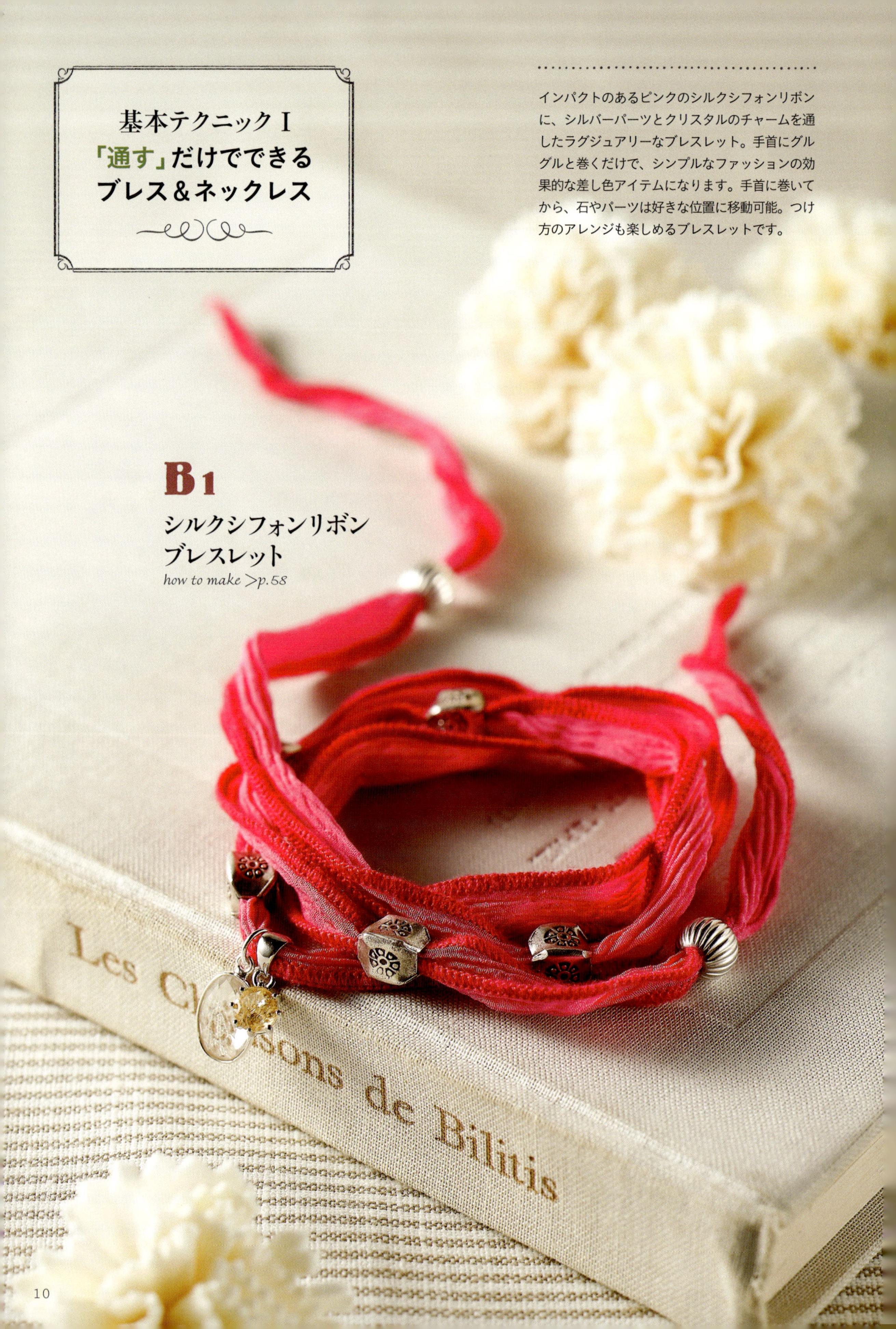

B2

マルチカラーフローライト×ハボタイコードのラリエット

how to make >p.59

シルクの布をチューブ状に丸めて紐にしたハボタイコードは、石やパーツに通しやすいうえ、上質な素材感や色調が楽しめる、天然石ジュエリーに最適な素材。ここでは大ぶりのチェーンと色彩豊かなフローライトを組み合わせ、華やかなラリエットに仕立てました。石とチェーンに交互に通す手作業が楽しいレシピです。

基本テクニックⅡ
「結ぶ」

革紐やコットンコード、シルクビーズコードなどを使った「結ぶ」レシピは、天然石やパーツに通して結ぶだけ。必要な道具はニッパーやはさみ、定規、目打ちだけという手軽さが魅力。結ぶ手作業を楽しみながら、コードならではの雰囲気のあるジュエリーが完成します。

＊基本の一つ結び

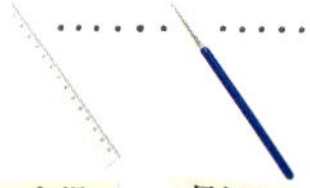
定規　目打ち

1

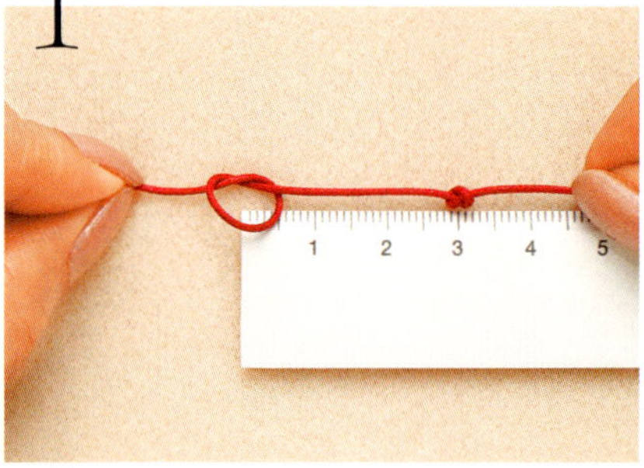

ゆるい結び目をつくる

定規にコードを当て、結び目をつくる位置の見当をつけてから、ゆるい結び目を１つつくる。

2

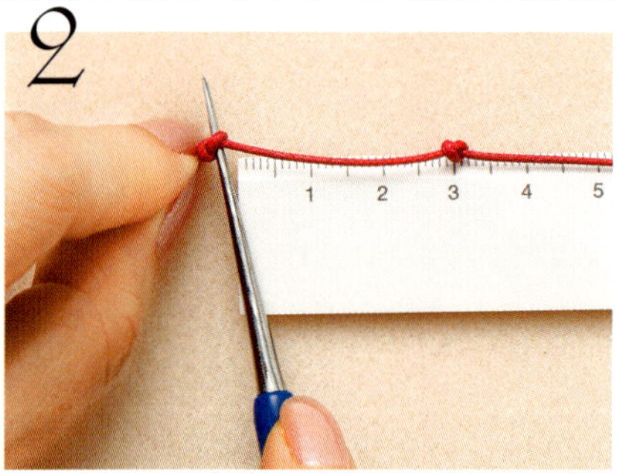

結び目を動かしながら締める

１の結び目の中に目打ちを差し入れ、結び目をつくりたい位置に動かしながら、コードを引いてしっかり締める。革紐、コットンコードの場合は目打ちなしで、指先や爪を使って結び目を動かすことも可能。やりやすいほうを選ぶ。

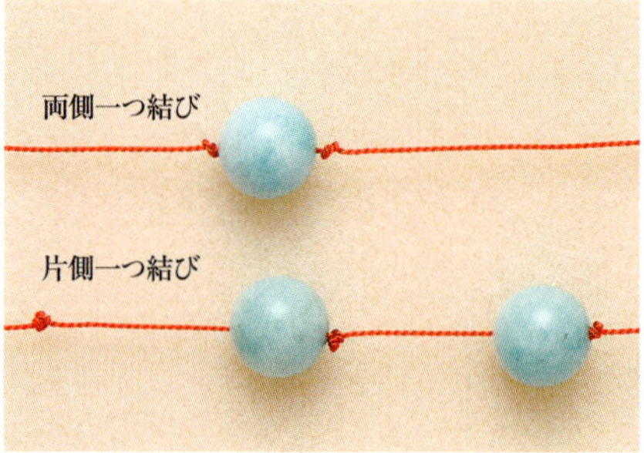

両側一つ結び

石やパーツの両側に隙間をつくらず一つ結びをすることで、石やパーツを動かないように固定する方法。

片側一つ結び

一つ結びをして石やパーツを通し、間をあけてもう一度一つ結びをする。結び目と結び目の間で石やパーツに動きが出る方法。

＊固結び

1

石にコードを通して結ぶ

石にコードを通し、石の両側の穴から出ているコードを石の真上で１回結ぶ。

2

もう一回結んで締める

もう１回結んでしっかり締める。

3

完成

石を好きな位置で固定する、固結びが完成。両側一つ結びよりも、立体的な印象に仕上がる。

基本テクニック II
「結ぶ」だけでできる
革紐ネックレス

C1
フローライト×アメトリンの革紐ネックレス
how to make ＞p.60

C2
モーブカラーの革紐ネックレス
how to make ＞p.61

ブラウン系のイメージが強い革紐ですが、最近ではきれいなパステルカラーも登場し、色合わせが楽しめるように。この作品では、ピンクとブラウンの暖色系の革紐に、クールな色調のフローライトとアメトリンをコーディネートしました。一見複雑そうなつくりですが、実は石に通して結び目をつくる作業を繰り返すだけのシンプルレシピです。

ナチュラルカラーの革紐と涼しげなモーブカラーの天然石を組み合わせた、上品な大人のコードジュエリー。ボリューム感のある中央の３つの石がラグジュアリーなアクセントになっています。ネック部分で長さの調節ができるつくりは、革紐ネックレスによく使われるデザイン。革紐ジュエリー派なら、ぜひ身につけたいテクニックです。

基本テクニックⅡ
「結ぶ」だけでできる コードネックレス &ブレス

D2
クリスタル×グリーンアメジストのコットンコードネックレス
how to make ＞p.63

D1
アマゾナイト×アパタイトのコットンコードブレス
how to make ＞p.62

美しい発色が特徴のコットンコード。なかでも目の覚めるようなピンクは、ファッションの効果的なアクセントに。あえて涼しげなライトブルーの天然石を合わせ、モダンにまとめました。コードを交差させて長さを調節する部分には、大粒のクリスタルを配置。見た目にも美しいデザインとしました。

シックなグレーのコットンコードで上品な色の天然石をまとめたコードネックレス。コードの軽やかさとシックな色合いは、カジュアルからパーティシーンまでどんな着こなしにもマッチ。ハートモチーフの留め具は、正面で見せても素敵です。等間隔で一つ結びと固結びを繰り返すレシピで、２種類の結び方が一度で身につきます。

D3

スモーキークォーツのシルクコードネックレス

how to make >p.64

D4

ミックスカラーストーンのシルクコードネックレス

how to make >p.65

女性らしい繊細な雰囲気を出したいときは、柔らかな質感のシルクコードの出番。ここでは優しげなライラックのシルクコードと、スモーキーカラーの天然石を組み合わせ、シックな雰囲気をまとうネックレスに仕上げました。シルクコードで結び目をつくるときは、目打ちを使って丁寧に結ぶときれいに仕上がります。

淡いパステルカラーの石は、顔を明るくトーンアップしてくれる、女性の味方。コロンとしたプリミティブな表情が、明るいピンクとアンバー、2色のシルクコードともなじみます。コード2本を利用して、石の通し方や結び目のつくり方に変化をつけ、動きのあるデザインにしているのがポイントです。

基本テクニック Ⅲ
「つなぐ」

ここでは天然石にピンを通し、ピンの先端で輪をつくるテクニックを覚えましょう。このつくった輪を開いて、石やパーツとつなぎます。最初のうち、きれいな輪をつくるのは難しいものですが、何度も繰り返すことで均一な輪ができるようになります。

✳ 9ピン、Tピン、デザインピンでつなぐ

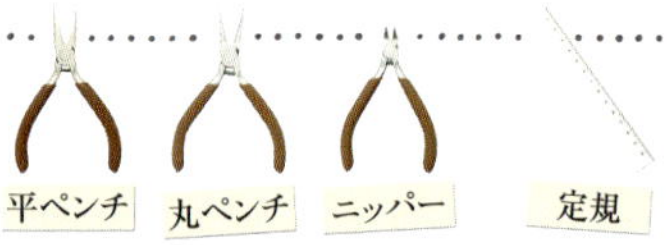

本書で主に使うピンは、この3種類

9ピン。石やパーツの両側に輪をつくりたいときに使用。

Tピン。石やパーツの片側に輪をつくりたいときに使用。

丸いボール付きのデザインピン。石やパーツの片側に輪をつくりたいときに使用。先端のボールが飾りになる。

1

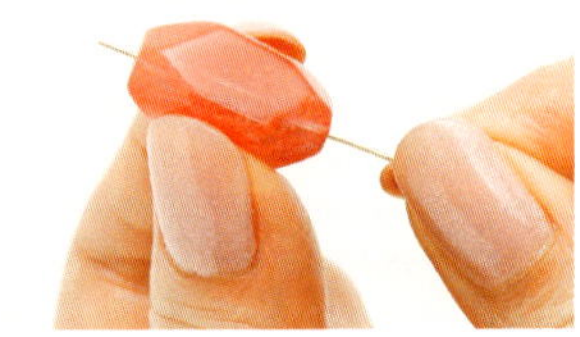

ピンを石に通す

石やパーツの通し穴にピンの先端を差し込み、ピンの端まで隙間なく通す。

2

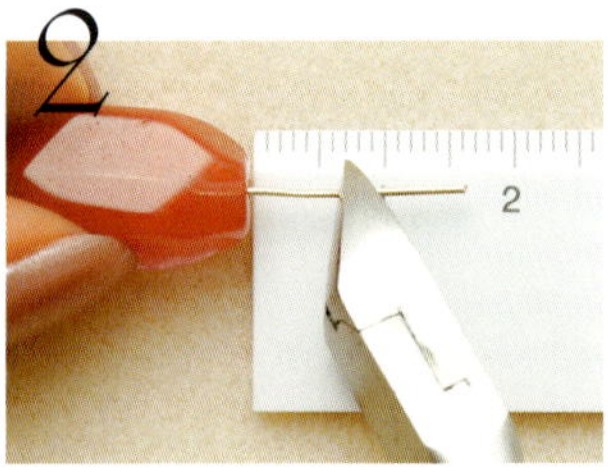

ピンの先端を7㎜残してカット

石の穴から7㎜の位置でピンをニッパーでカットする。慣れるまでは、輪の大きさが均一になるように定規できちんと「7㎜」を計ること。

3

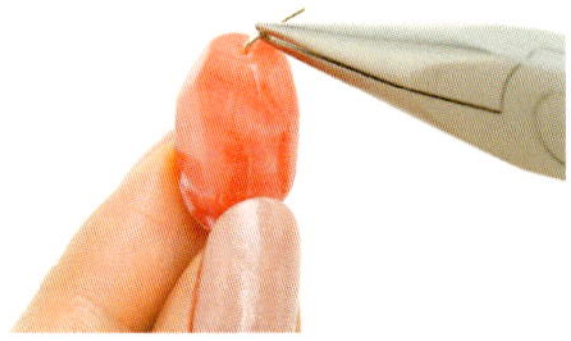

ピン先を90°に曲げる

ピンを平ペンチで挟み、石の際で90°に曲げる。

4

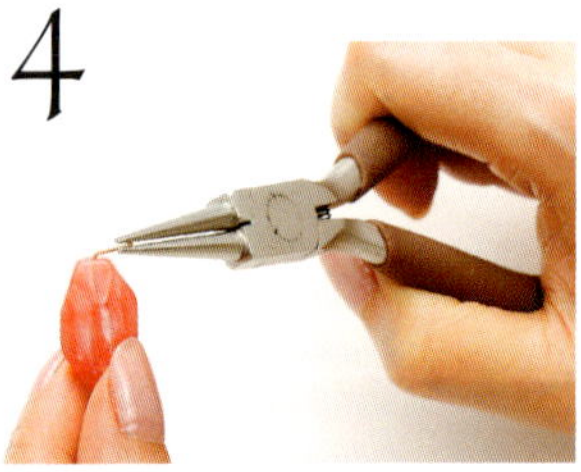

先端を丸ペンチで挟む

曲げたピン先を自分のほうに向け、手の甲が手前を向くようにして丸ペンチを持つ。ピンの先端ギリギリのところを丸ペンチの先で上下からしっかり挟む。輪の大きさは丸ペンチのどの部分で挟むかで決まるため、どこで挟むと隙間や重なりがなくきれいな輪ができるか、何度か作業を繰り返して確かめること。

5

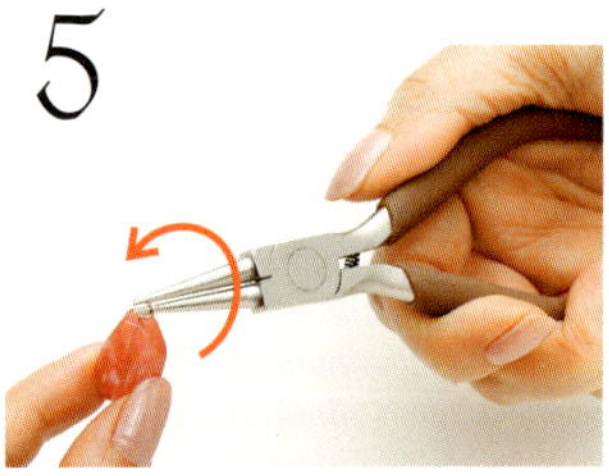

ペンチを半回転させて半円をつくる

ピン先をしっかり挟んだまま、手のひらを上に返すようにして丸ペンチを手前から奥に向かって半回転させる。ピンが半円をつくったところで、ペンチを差し入れたまま、手の甲が手前に向くように手首を返し、ピンを挟み直す。

6

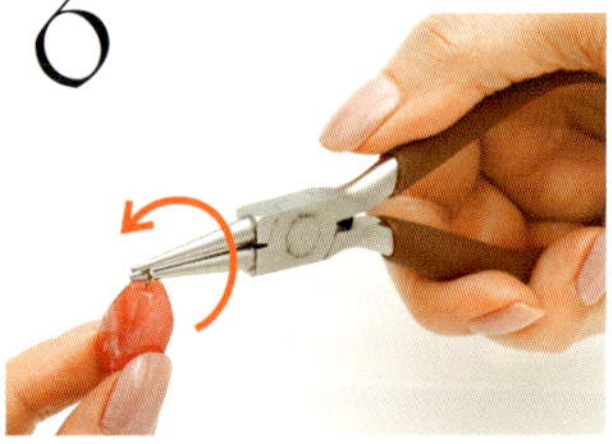

ペンチを半回転させて輪をつくる

5と同じ要領でペンチを半回転させると、輪が完成する。輪に隙間がある場合は、丸ペンチをもう一度差し込んで少し細い位置でピンを挟み、少しずつ回転させながら隙間がなくなるように整える。

輪が完成

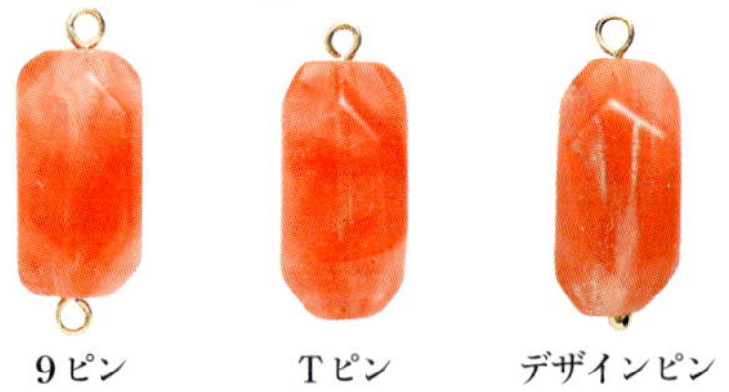

9ピン　Tピン　デザインピン

✳ 9ピンの輪の向きを揃える

9ピンの輪の向きが揃っていない

9ピンで輪をつくったとき、写真のように石の両側の2つの輪の向きが揃っていないのはよくあること。その場合はきれいに揃える作業が必要。

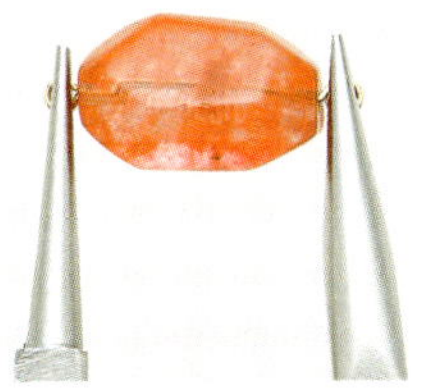

2本のペンチで両側の輪を挟む

平ペンチと丸ペンチの2本を使って、両側の輪をそれぞれ挟み、輪の向きが平行になるようにねじって整える。

完成！

2つの輪の向きを揃えて完成。2つの輪の丸めた方向が、写真のように逆になっているのが理想的。

✳ ピンの輪のつなげ方

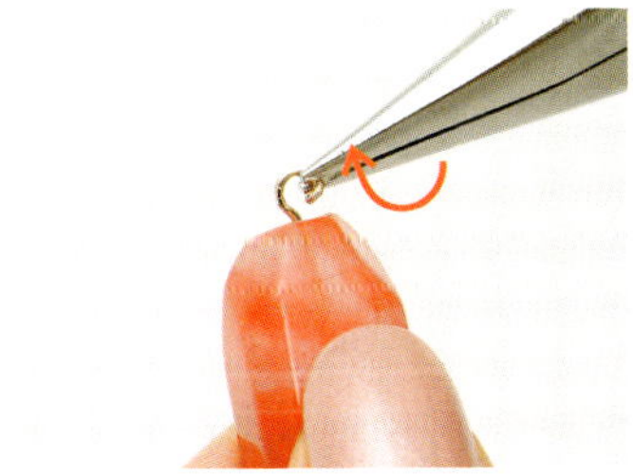

輪を開く

平ペンチで輪のピン先を挟み、手前にねじるようにして輪を開く。

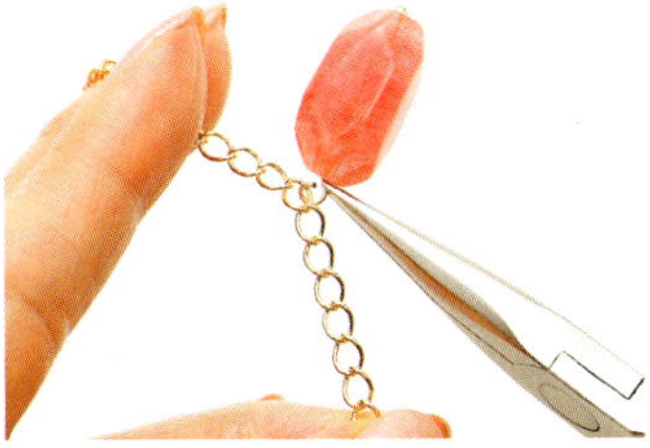

開いたピン先を通す

開いたピン先を、つなげたい輪やチェーンのコマに通す。通したピン先がはずれないように注意しながら、ピン先を平ペンチで挟み、開いたときと逆の方向にねじって、輪を閉じる。隙間が残るとつないだ輪がはずれてしまうので、しっかり閉じること。

2つのピンの輪をつないだ状態

チェーンのコマにつないだ状態

基本テクニックⅢ
「つなぐ」だけでできる ピアス&ブレス

淡水パールとシリマナイト、性質の違う白を組み合わせるのも、色合わせの上級ワザ。あらたまった席にもつけていけるノーブルさは、逆にシンプルなTシャツを格上げもしてくれそう。まず5つの石すべてにピンを通して輪をつくり、そのあとにまとめてピアスのカンにつなぐと、手際よく仕上がります。

E2

淡水パール×シリマナイトのフープピアス

how to make >p.66

E1

グリーンアメジストのロングピアス

how to make >p.66

清涼な色合いが魅力のグリーンアメジストは、大粒を使っても軽やかに仕上がるのが特徴。ここではロングピアスの先端に配しました。9ピンでつないだ色とりどりのマルチトルマリンは、色合わせを考えなくても多色使いがセンスよくまとまる重宝な天然石。複数の石をつなぐときは、輪の大きさが揃うように気を配ることで、仕上がりがきれいになります。

大粒のアメジストと5本のチェーンが揺れるゴージャスなフリンジイヤリングは、顔まわりを華やかに彩ってくれるジュエリー。正面、側面があるデザインのため、つけたときに華やかな面が正面を向くようにピンの輪の向きを工夫しました。左右のピアスの輪の向きを揃えることに注意しながら作業を進めましょう。

E3

アメジスト×アマゾナイトのイヤリング

how to make >p.67

13種類の石をつないだ、パステルカラーのブレスレット。色も形も違う石を連ねるデザインの場合は、色のトーンを揃えることがセンスよく仕上げるカギ。淡くて優しい色合いが、13種類の石をフェミニンにまとめ上げています。最初にすべての石にピンを通して輪をつくり、Cカンを開いてピンの輪をつなぎます。

E4 マルチカラーブレスレット

how to make >p.67

基本テクニック Ⅲ
「つなぐ」だけでできるリング＆ネックレス

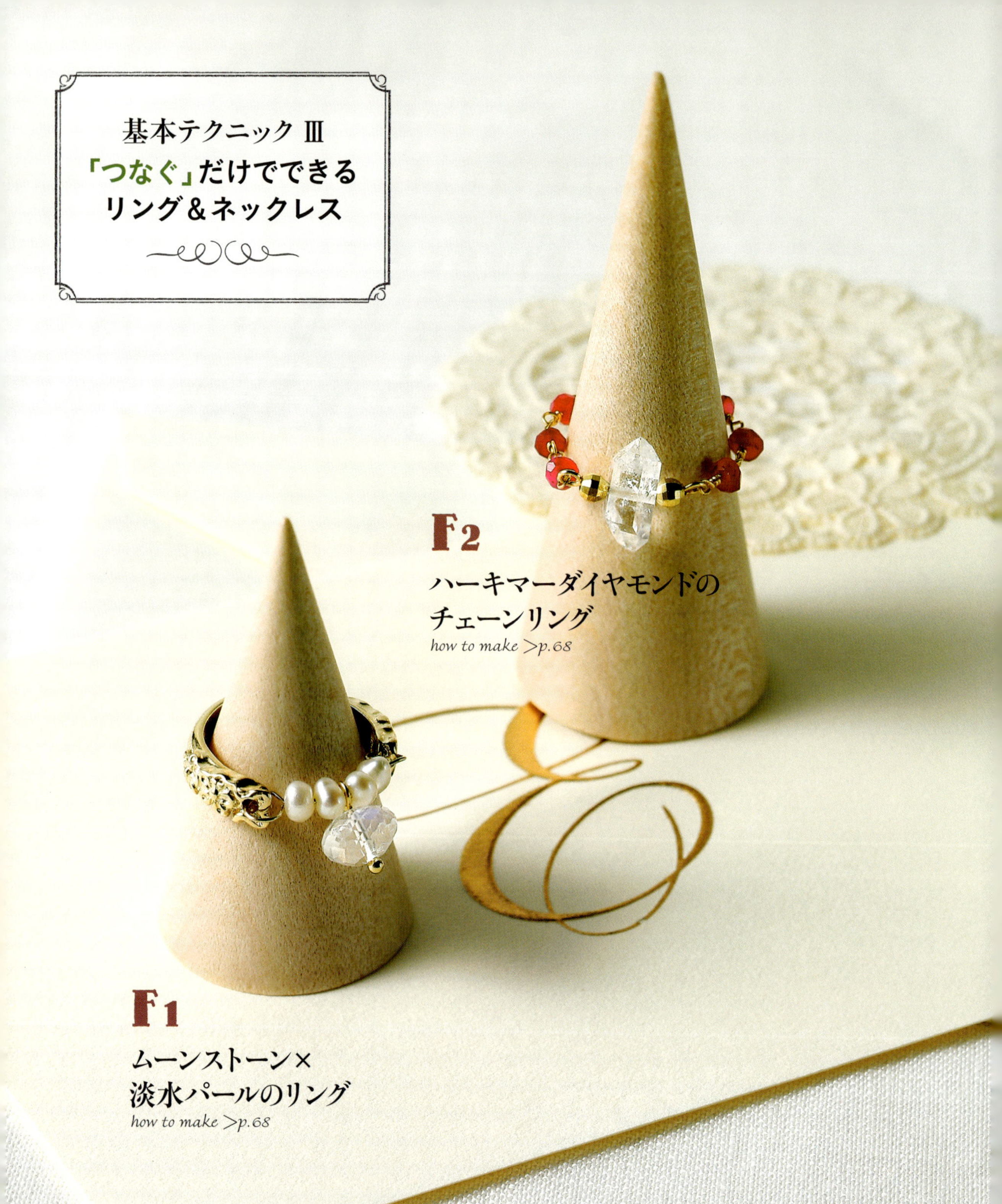

F2
ハーキマーダイヤモンドのチェーンリング
how to make ＞p.68

F1
ムーンストーン×淡水パールのリング
how to make ＞p.68

控えめな艶が上品な淡水パールの白と、ムーンストーンのスモーキーな白。ノーブルな天然石の代表ともいえる2つの石を、リングに仕立てました。淡水パールとムーンストーンをピンに通して、U形のリングアームにつなぐだけで完成。リングアームにつなぐピンの大きさと輪の向きは、左右がきれいに揃うように気をつけましょう。

ダイヤモンドに近い結晶をもつことからこの名がついた、ハーキマーダイヤモンド。プリミティブなフォルムで人気のこの石に、ビビッドカラーの天然石のチェーンを合わせ、ナチュラル＆モダンな個性派リングが完成しました。すべての材料をつないで1本にしてからチェーンをカットすることで、ぴったりサイズに仕上がります。

沈んだ印象になりがちなスモーキーカラーも、その輝きで華やかなアイテムになるのが天然石ジュエリー。左右のちょうど目につく位置に配したフレームビーズでさらにリッチ感を添えた、2連にもなる2WAYネックレスです。中央のスモーキークォーツを目印に、左右対称に石やパーツをつないでいくのが間違えずに完成させるコツ。

F3
ラブラドライト×スモーキークォーツのロングネックレス

how to make ＞p.69

F4
シトリン×クリソプレーズのネックレス

how to make ＞p.70

天然石が連なる既製のハンドメイドチェーンを投入するだけで、一気に華やかさが加わります。ここでは涼しげなミントブルーのクリソプレーズのチェーンで、軽やかなリッチ感を演出しました。プレーンなフォルムの大粒シトリンには、ゴールドの鍵チャームを添えてトレンド感をプラス。リボンチャームを留め具にしたのもポイントです。

基本テクニック Ⅳ
「チャーム留め」

石の頂点で輪をつくり、輪の根元にワイヤーを巻きつけてしっかり留める方法。主に石の上部に横穴があいている、ドロップカットやペアシェイプカット、マロンカット、オニオンカットの石に用いるテクニックです。

✳ワイヤーでチャーム留めする

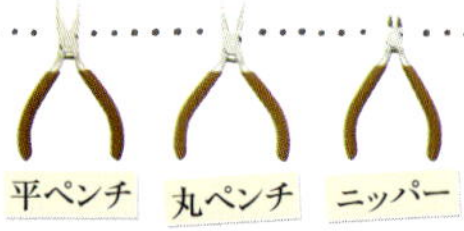

1

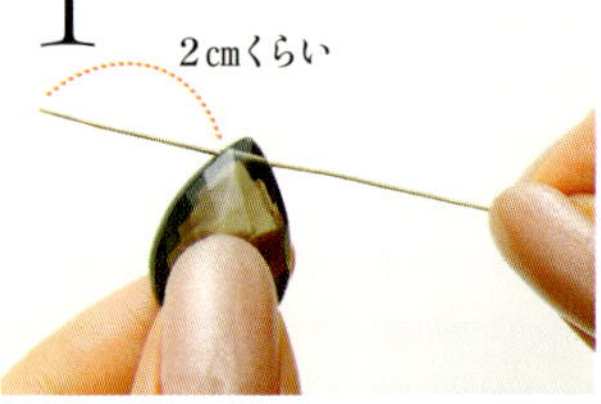

ワイヤーを石に通す

6cmくらいにカットしたワイヤーをまっすぐに伸ばし、石の穴に通して先端を2cmくらい出す。

2

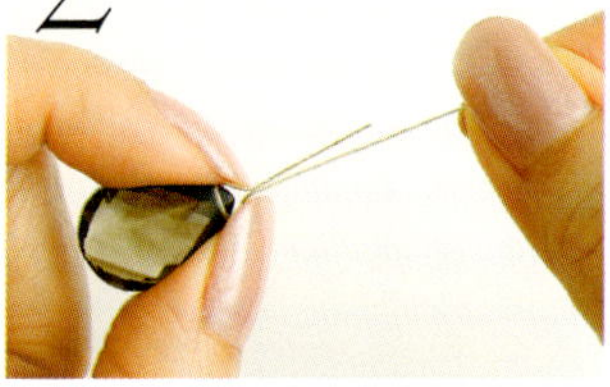

2本のワイヤーをまとめる

両側の穴から出たワイヤーを石の形に添わせるようにして曲げ、頂点で合わせる。

3

短いワイヤーを45°に曲げる

短いほうのワイヤーの根元を指か平ペンチで挟み、外側へ45°に曲げる。

4

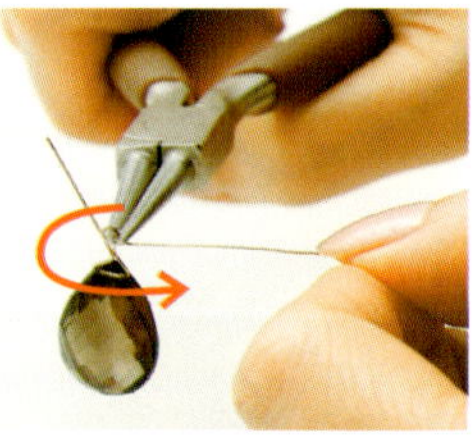

長いワイヤーで輪をつくる

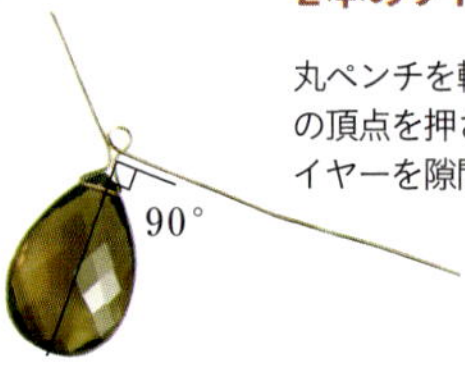

長いほうのワイヤーが手前になるように石を持ち、石の頂点から1mm上を丸ペンチで挟む。ワイヤーの先端を指か平ペンチで挟み、奥から手前に向けて丸ペンチにしっかりと巻きつける。長いほうのワイヤーが、石の頂点と底を結んだ線に対して90°になるように整える。

5

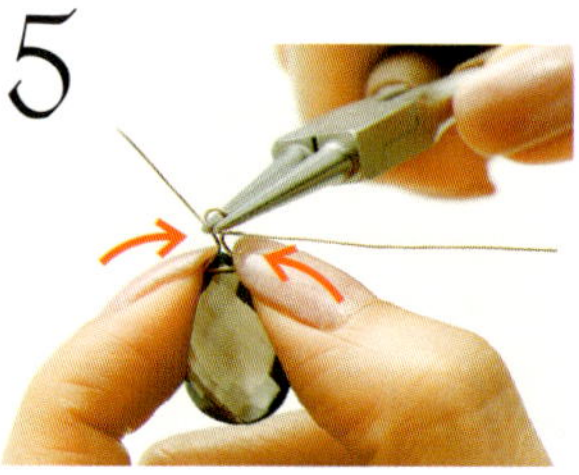

2本のワイヤーを寄せ合う

丸ペンチを輪に差し込んだまま、指で石の頂点を押さえるようにして、2本のワイヤーを隙間なく寄せ合う。

6

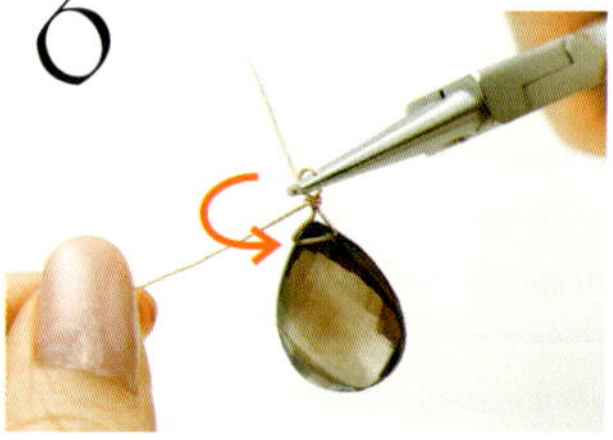

輪の根元にワイヤーを巻きつける

長いほうのワイヤーを輪の根元から石に向かって2〜3回巻きつける。巻いた部分が重なったり、隙間ができたりしないように注意。このとき、短いほうのワイヤーも一緒に巻き込む。

7

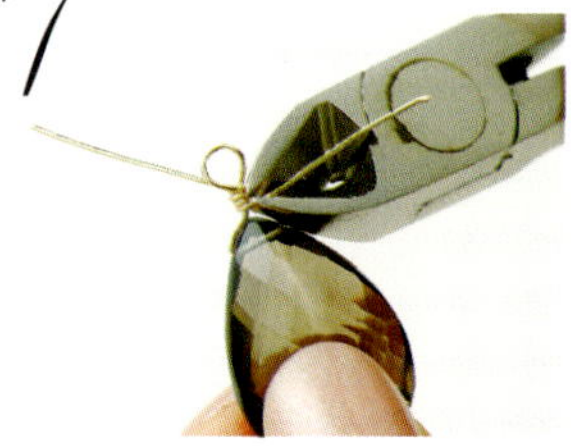

余分なワイヤーをカットする

余分なワイヤーを輪の根元でカットする。ニッパーの刃先を使って、なるべく根元ギリギリでカットすること。

8

切り口を平ペンチで軽く押さえる

切り口を平ペンチで軽く押さえる。短いほうも同様に**7**、**8**の処理をして完成。

チャーム留めの完成

＊チェーンに直付けする

1

輪に隙間をつくる

左ページの**1**～**4**の要領で輪をつくったら、長いほうのワイヤーを横に開き、輪の根元に隙間をつくる。

2

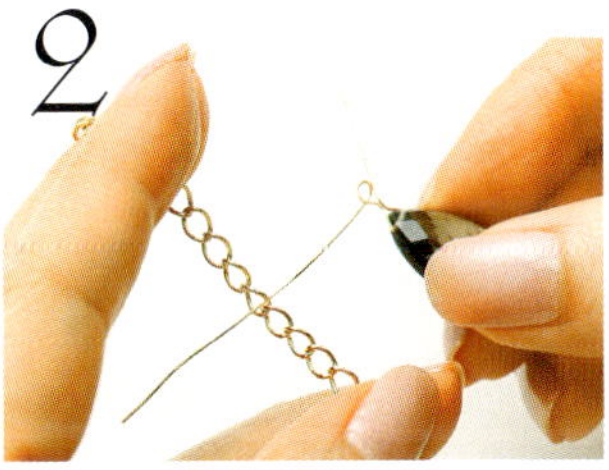

ワイヤーの先をチェーンのコマに通す

長いほうのワイヤーの先端を、付けたい位置のチェーンのコマに通す。

3

輪の中にコマを通す

チャーム留めの輪の隙間から、チェーンのコマを通す。

4

輪を平ペンチで挟む

チャーム留めの輪と短いほうのワイヤーを平ペンチでしっかりと挟む。

5

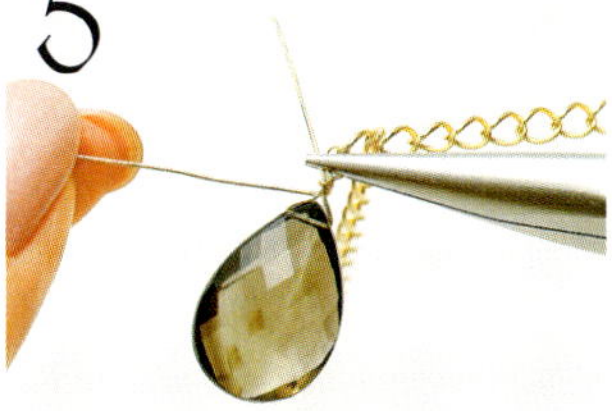

ワイヤーを巻きつける

長いほうのワイヤーを指か平ペンチで挟み、左ページの**6**と同じ要領で輪の根元に2～3回巻きつける。

6

余分なワイヤーをカット

余分なワイヤーを輪の根元でカットし、切り口を平ペンチで押さえる。

＊めがね留めやチャーム留めに直付けする

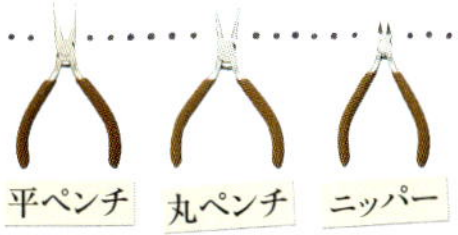

1

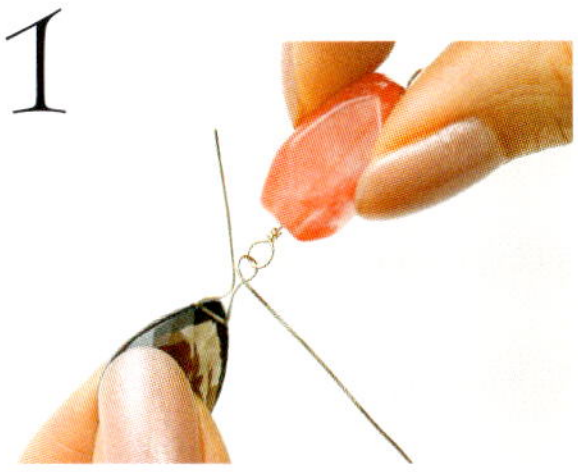

ワイヤーの先をめがね留めの輪に通す

上の「チェーンに直付けする」の**1**と同じ要領で輪の根元に隙間をつくり、長いほうのワイヤーの先端から、直付けするめがね留めやチャーム留めの輪を通す。

2

ワイヤーを巻きつける

チャーム留めの輪と短いほうのワイヤーを平ペンチで挟み、長いほうのワイヤーを指か平ペンチで挟んで輪の根元に2～3回巻きつけ、余分なワイヤーをカット。

基本テクニック Ⅳ
「チャーム留め」だけでできる ブレス&リング&ピアス &ネックレス

G1
シェル×カラーストーンのブレス

how to make >p.71

6色の天然石をレイアウトした、カラフルなブレスレット。小粒の石を等間隔に行儀よく並べることで、多色使いが品よくまとまります。艶のある白いシェルは、大粒を選んでワンポイントに。小さな石のチャーム留めは、輪を大きくつくらないことがバランスよく仕上げるコツです。

G2
ラブラドライト×ルチルクォーツのリング

how to make >p.71

大胆に5つの石を重ねづけしたゴージャスリングは、指に華やかさを添えてくれます。ドロップ、ペアシェイプ、マロンというカット違いの石を使うことで変化をつけたのがポイントです。石の重なりも、指につけたときにバランスよくまとまるようにデザインしています。

G3
スモーキークォーツ×ピンクトパーズのピアス

how to make >p.72

ブラック×ピンクは、あか抜け感を演出したいときに重宝する、甘辛バランス配色。チェーンに直付けしたピンクトパーズが動きに合わせてきらめき、耳元を彩ります。チャーム留めしたスモーキークォーツとピンクトパーズをまとめたパーツは、気分に合わせて取りはずしが可能です。

G5

カルセドニー×クリソプレーズのネックレス

how to make >p.73

G4

ルビーのネックレス

how to make >p.72

華やかにきらめくルビーは、身につけるだけで女性に自信を与えてくれるリッチ感漂う石。落ち着いたファッションのノーブルな差し色としても活躍します。シックな色の2つの石で、アシンメトリーなデザインをプラス。シンプルなネックレスは、ちょっとしたアクセントを加えることで、全体があか抜けた雰囲気にまとまります。

大人のキャンディカラーの取り入れ方は、あえて１色に抑えて濃淡で魅せるのが正解。派手すぎず、落ち着いたセンスのよさを感じさせます。さらに、爽やかなグリーンをシックなグレーが引き立てる配色で、カラーの調和をはかりました。ヘッド部分の５つの石が左右バランスよく並ぶようにチェーンに直付けするのがポイントです。

基本テクニックV「めがね留め」

ピンやワイヤーを石やパーツに通して輪をつくり、輪の根元にピンやワイヤーを巻きつける方法。ピンの場合は石の片側に、ワイヤーの場合は両側に輪ができます。ピン先を丸めて輪をつくる方法よりもしっかりと留まるため、重さのある大きな石や高価な石は、この方法が安心です。

＊Tピン、デザインピンのめがね留め

1

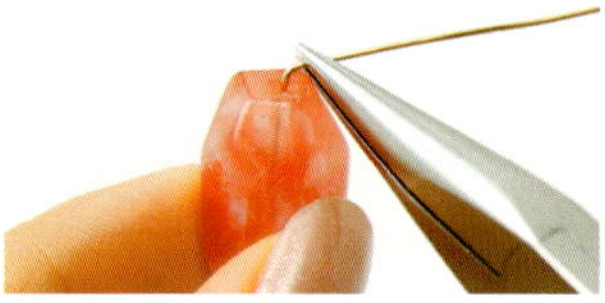

ピンを石に通して90°に曲げる

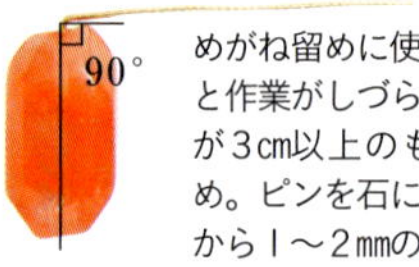

めがね留めに使うピンは短いと作業がしづらいので、長さが3㎝以上のものがおすすめ。ピンを石に通し、石の際から1～2㎜の位置を平ペンチで挟んで90°に曲げる。

2

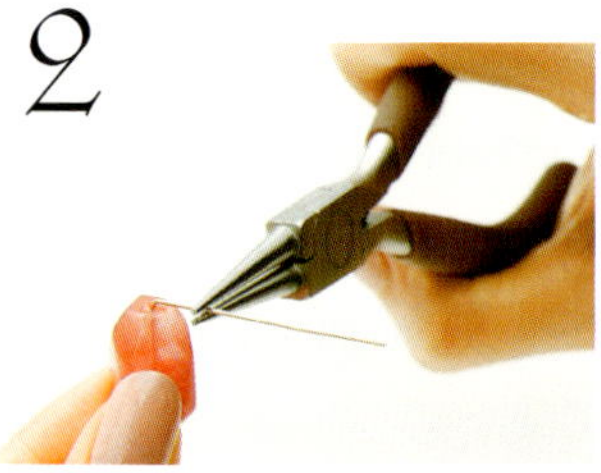

7㎜離れた位置を挟む

ピン先を手前に向けて石を持ち、手の甲を手前に向けて丸ペンチを持つ。ピンの曲げた部分から7㎜離れた位置を丸ペンチでしっかりと挟む。このとき、丸ペンチのどの位置で挟むかで輪の大きさが決まるため、何度か作業を繰り返して、きれいな輪ができる位置を確認しておく。

3

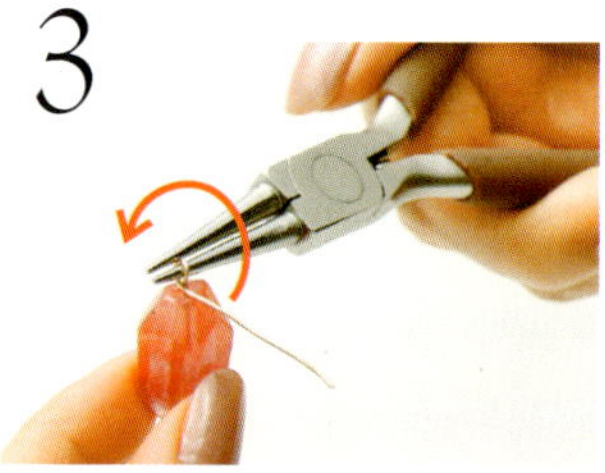

ペンチを回転させる

ピンを挟んだまま、手のひらを上へ返すようにして丸ペンチを奥に向かって回転させる。手の甲を手前に戻してピンを挟み直しながら、きれいな輪ができて、ピン先が手前を向くまで、何度か丸ペンチを回転させる。

4

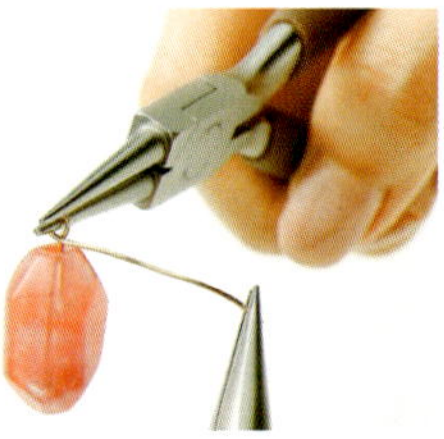

ピン先の向きを整える

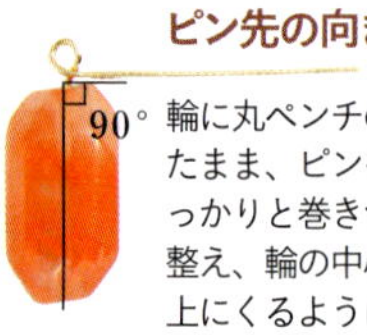

輪に丸ペンチの先を差し入れたまま、ピンを丸ペンチにしっかりと巻きつけて輪の形を整え、輪の中心が石の穴の真上にくるようにする。ピン先を、石の頂点と底を結んだ線と90°になるように整える。ピンの先端を指か平ペンチで挟む。

5

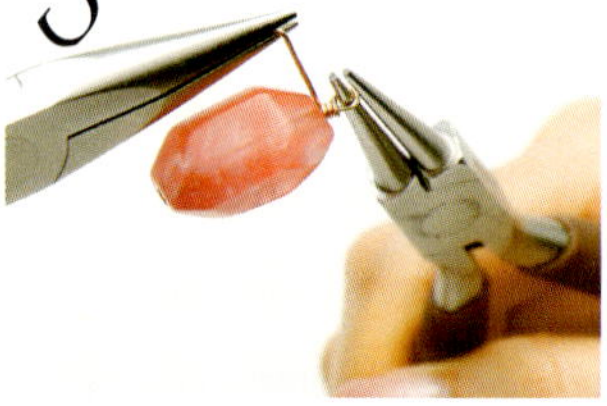

輪の根元にピンを巻きつける

輪の根元にピンをグルグルと2～3回巻きつける。巻いた部分が重なったり隙間ができたりしないように、輪の根元から石へ向かって巻く。

6

余分なピンをカットする

巻きつけた部分のギリギリのところで、余分なピンをニッパーの刃先でカットする。

7

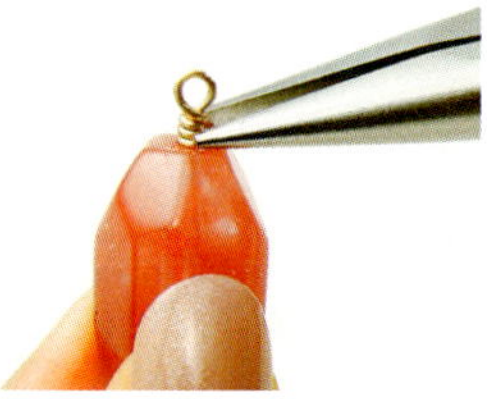

切り口を押さえる

切り口を平ペンチで軽く押さえて完成。

めがね留めの完成

＊ワイヤーでつくる両側めがね留め

1

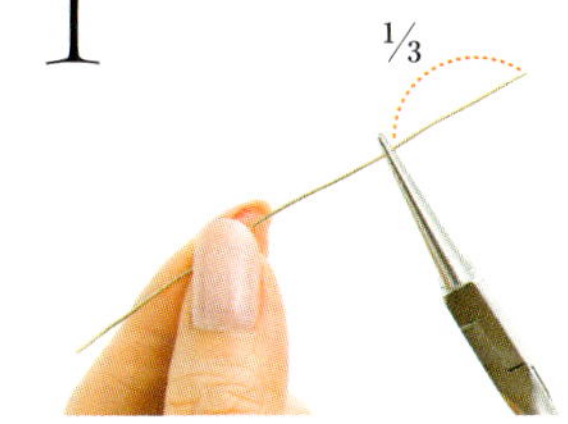

6～7㎝のワイヤーの⅓のところを挟む

6～7㎝にカットしたワイヤーを指でまっすぐに伸ばし、端から⅓くらいのところを丸ペンチで挟む。このとき、丸ペンチのどこで挟むかで輪の大きさが決まるため、きれいな輪ができるのがどの位置になるか、作業を何度か繰り返して確認しておく。

2

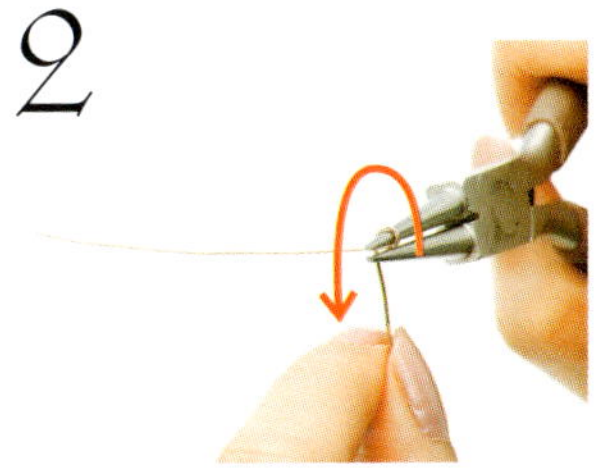

丸ペンチにワイヤーを巻きつける

⅓の部分のワイヤーを、反時計回りに奥から手前へ回して丸ペンチにしっかりと１回巻きつける。巻きつけた短いほうのワイヤーと長いほうのワイヤーの角度が90°になるように整える。

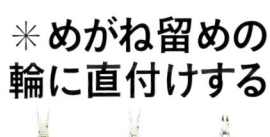

3

輪の根元にワイヤーを巻きつける

丸ペンチを差し入れたまま、短いほうのワイヤーの先を指か平ペンチで挟み、輪の根元に２～３回巻きつける。巻きつけた部分が重なったり隙間ができたりしないように、ペンチに近いところから順に巻く。「Tピン、デザインピンのめがね留め」の**6**、**7**と同じ要領で、巻きつけたワイヤーの余分な部分をカットして切り口を平ペンチで押さえる。

4

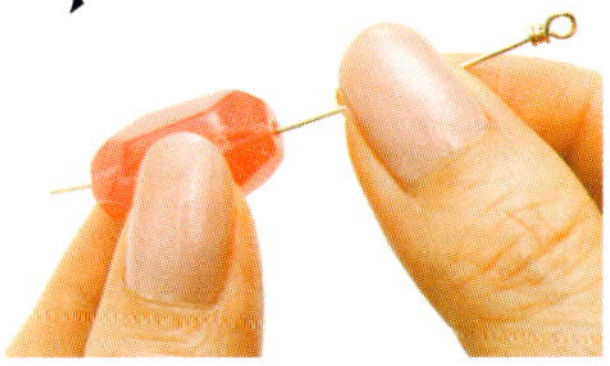

反対側もめがね留めする

長いほうのワイヤーの先端から石に通し、「Tピン、デザインピンのめがね留め」と同じ要領でめがね留めする。石の両側のめがね留めの輪を２本のペンチでそれぞれ挟み、輪の向きを揃えて完成。

両側めがね留めの完成

＊チェーンに直付けする

1

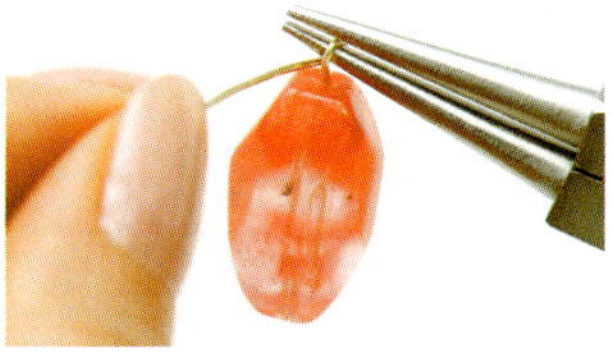

輪に隙間をつくる

「Tピン、デザインピンのめがね留め」の**4**、または「ワイヤーでつくる両側めがね留め」の**2**のところで、巻きつけたピンやワイヤーを横に開き、輪に隙間をつくる。

2

チェーンのコマを通す

付けたい位置のチェーンのコマにピンやワイヤーの先端を通し、輪の隙間からコマを通す。輪を平ペンチで挟み、指か平ペンチでピンやワイヤーを輪の根元に巻きつけ、余分なピンやワイヤーをニッパーでカットする。切り口を平ペンチで軽く押さえて完成。

＊めがね留めの輪に直付けする

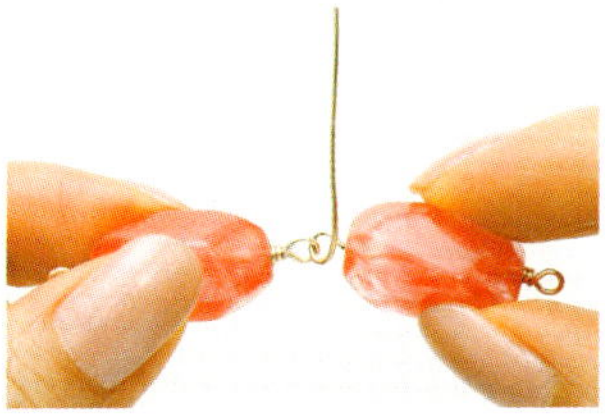

付けたいめがね留めの輪に通す

「チェーンに直付けする」の**1**と同様にして、輪に隙間をつくる。付けたいめがね留めの輪にピンやワイヤーの先端を通し、隙間から輪を通す。輪を平ペンチで挟み、ピンやワイヤーを指か平ペンチで挟んで輪の根元に２～３回巻きつける。余分なワイヤーをニッパーでカットし、切り口を平ペンチで軽く押さえて完成。チャーム留めの輪に直付けする場合も同様。

基本テクニック V
「めがね留め」だけでできる ブレス＆ネックレス

H1
アメジスト×ピンクサファイアの ブレスレット

how to make ＞p.74

中央の発色のよいパープルの石はアメジスト。強い印象をもつこの石を主役に迎え、左右にピンクサファイアをシンメトリーにレイアウト。そのほかの石は中間色でまとめることで、全体を大人っぽく仕上げました。めがね留めの輪の大きさと向きを丁寧に揃えることを意識して。この作品を仕上げれば、めがね留めは完璧にマスターできます。

H2 ムーンストーン×羽根チャームのネックレス

how to make >p.74

使う石は、ほのかに煙る白い輝きが魅力のムーンストーンだけ。潔く、楚々とした雰囲気をイメージしてデザインしたネックレスです。チャーム留めすることが多いマロンカットを、ここではめがね留めすることでからだにピタリと寄り添うラインが完成。この石のもつ静かなイメージにもしっくりとなじみます。

基本テクニック V
「めがね留め」だけでできるピアス

新鮮な色合わせを探るのも、天然石ジュエリーをデザインする醍醐味のひとつ。こちらのピアスは、イエロー×ブルー×パープルという意外な組み合わせがポップな魅力を生みました。大粒石はあえて無色透明のクリスタルに。色の強弱のバランスをはかることも大切です。

I1 クリスタル×シトリンのピアス

how to make >p.75

I2 アメジスト×淡水パールのピアス

how to make >p.75

エレガントなレースパーツに、高貴なイメージのアメジスト＆淡水パールをちりばめた小さなシャンデリアピアス。石はきちんと整列させて、行儀よく仕上げました。レースパーツにめがね留めで直付けするときは、パーツの厚みを考えて、輪を大きめにつくるのがコツです。

I3
ラブラドライト×ガーネットのピアス
how to make >p.76

深みのある赤いガーネットは、小さいながらも差し色として存在感を放つ、全体の主役。渋い色合いのラブラドライトを下部に配し、縦のラインを強調。つけると顔がほっそり見えるデザインです。直径２㎜の石を両側めがね留めする繊細な作業は、ペンチの先端を使って丁寧に。

I4
インカローズ×プレーナイトのピアス
how to make >p.76

爽やかな色の石が連なるピアスは、つけるだけでハッピーな気分に。軽やかさを大切にし、カジュアルなシルバーでまとめました。チェリー色のインカローズはスペーサーと一緒にめがね留め。しっかり留まるように、輪の根元はワイヤーを二重に巻いて太めにつくるのがポイントです。

Part 2

基本テクニックを組み合わせてつくる

天然石のリュクスジュエリー

Part 1で基礎をマスターしたら、数種類のテクニックを組み合わせてつくるジュエリーにも挑戦しましょう。
つくり方がレベルアップした分、デザインもより華やかにブラッシュアップ！
洗練されたリュクスなジュエリーは、身につけたときの満足感もひとしおです。

あらたまった場に ふさわしい 華やかパールジュエリー

パールは「きちんと感」を出したいときの強い味方。でもカジュアルな装いには合わせにくく、地味にもなりやすい――そんなイメージも少なからずあるようです。ここではそんなイメージを払拭する、華やかなピアスとネックレスをデザインしました。ゴールドのパーツや天然石を組み合わせ、リュクス感とファッション性をプラス。あらたまったシーンにも自信をもって身につけられるパールジュエリーです。

J1 華やかパールピアス

how to make >p.77

通す　チャーム留め　めがね留め

耳元で上品にスイングする、華やかなピアス。ゴールドに輝くルチルクォーツがラグジュアリーな雰囲気を底上げします。大ぶりながらも上品さを保つのは、パールならでは。小さなパールやジルコニアをめがね留めでつなぐとき、輪が同じ大きさになるように気をつけると、左右の長さが揃ってきれいな仕上がりになります。

スイングする部分は、キャッチをはずせば、ピアスのポストから簡単に取りはずしが可能。シンプルな一粒パールピアスとして、ちょっと控えめにすべきシーンにも使えます。

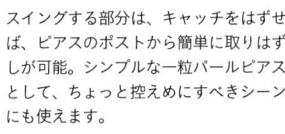

通す　結ぶ　つなぐ
チャーム留め　めがね留め

大小さまざまなパールに、ゴールドに輝くルチルクォーツとシトリンを組み合わせた豪華な２連ネックレス。優しいブルーのアクアマリンを中央に配し、ノーブルさをプラスしました。Part Ⅰで紹介した基本テクニックのすべてを使用してつくるので、完成後は確実にスキルアップできること間違いなしです。

J2
華やかパールネックレス
how to make >p.78

これひとつで主役級！ ラグジュアリーピアス＆ブレス

パーティなどの華やかな場にふさわしい、ラグジュアリーなオーラを放つピアス＆ブレスレット。「華やかすぎるものはちょっと……」と抵抗のある人も、ピアスやブレスレットなどの小さいアイテムなら取り入れやすいはず。ゴージャスなデザインのジュエリーを、ジーンズなどのカジュアルスタイルやシンプルなシャツに合わせてみても素敵。小さなサイズだからこそ、大げさにならずおしゃれに決まります。

K1 ラグジュアリーピアス

how to make >p.80

通す　チャーム留め　めがね留め

天然石のなかでもひときわ強い輝きを放つ、色とりどりのマルチカラーサファイア。それを40個も使った贅沢なピアス。からだの動きに合わせてゴージャスにきらめく、リッチ感たっぷりのジュエリーです。たくさんのサファイアが密集するため、作業の緻密さが重要。いつも以上にチャーム留めの輪やその根元の巻きつけ部分まで丁寧に仕上げましょう。

つなぐ　チャーム留め

天然石、リボン、チェーンの３要素を、ゴールドカラーでひとつにまとめました。ボリュームたっぷりのリッチなブレスは、どんな華やかな場でも存在感を放つこと間違いなし。複雑そうなつくりに見えますが、石を９ピンでつないだり、チャーム留めした石と金属パーツを丸カンでつないでいくだけ。仕上げにリボンを通せば完成です。

K2
ラグジュアリーブレス
how to make ＞p.80

大人の清楚が香る
クリアストーンジュエリー

古来より、精神を鎮静させるお守り石として珍重されてきたクリスタル。冴え冴えとした輝きを眺めているだけで、心が鎮まるような気持ちにさせてくれるのが魅力です。そんな澄みきった氷のようなクリスタルの美しさだけで構成した、２つの作品。その透明感と純粋さは、複数使いをしても決して重くならず、楚々とした美しさを放ちます。クリアカラーだからこそ、どんな色の装いにもマッチするジュエリーです。

L1 クリアストーンピアス

how to make >p.82

チャーム留め

ドロップ、マロン、ペアシェイプと、３種類のカット違いのクリスタルでぶどうの房のようなフォルムに。ボリュームたっぷりながら華美にならず、清楚にまとまるのはクリスタルならでは。最初に石をすべてチャーム留めし、丸カンで順につないでいくシンプルなつくりなので、チャーム留めさえマスターすれば、初心者でも充分に挑戦できます。

つなぐ　チャーム留め

清楚な女性らしさと爽やかなラグジュアリーを両立する、クリスタルのネックレス。アシンメトリーなデザインで、多彩な表情を加えました。ピアス同様、複雑そうに見えて実はシンプルなレシピ。9ピンでつなぐテクニックとチャーム留めができれば大丈夫！　ピンとチェーンをつないだり、石を直付けするテクニックが磨かれるレシピです。

L2
クリアストーンネックレス

how to make >p.82

シンプル服がパーティ仕様になる ビジューネックレス

ドラマティックなビジューネックレスは、大人の女性ならひとつは持っておきたいもの。ここで紹介するのは、シンプルなカットソーに合わせるだけで、どんな華やかな場にもふさわしいクラス感を放つネックレス。大粒の天然石をたっぷり使ったモード系ショートネックレス、リボンと合わせたエレガント系ロングネックレスの２作品です。極太チェーンやレースリボンなど、華やかな素材を扱う楽しさも味わえます。

M1
大粒石の ビジューネックレス

how to make ＞p.84

つなぐ　チャーム留め　めがね留め

白いカットソーに合わせるだけで、一気にモードなオーラを放出。大粒の天然石をふんだんに使ったショートネックレスは、気持ちを華やかに盛り上げてくれます。身につけたとき、デコルテの上にきれいに石が垂れるようにバランスを吟味しました。石につなぐチェーンの長さ、石やパーツをつなぐ位置を正確に仕上げることが大切です。

M2
リボンのロングビジューネックレス
how to make >p.86

通す　結ぶ
チャーム留め　めがね留め

シルクリボンとレースリボンをあしらった、女性らしさあふれるネックレス。グレー＆シルバーカラーで、上品な「大人かわいい」を表現しました。天然石も同じくクールな色でまとめることで、品のよさと華やかさを両立しています。ここでは、シルクリボンやレースリボンの端を処理する作業が登場。新しいスキルが身につくレシピです。

人気モチーフ×天然石で
大人のカジュアルジュエリー

ハートや花、蝶――定番のモチーフは、いくつになっても心惹かれるもの。ここでは、そんな人気モチーフをかたどった色とりどりの天然石で、カジュアルに楽しめるジュエリーをデザインしました。甘くなりがちなモチーフを大人っぽく品よく取り入れられるのは、本物の上質感を備える天然石だからこそ。時にはかわいらしいモチーフを楽しむ、遊び心たっぷりのジュエリーを仕立ててみませんか。

N1 シンプルハートピアス

how to make >p.88

通す　つなぐ

ハートはいつの時代も多くの女性たちに支持される、人気のモチーフ。ここでは、思わずハッと目を奪われる、真紅のハートをピアスに仕立てました。石にピンを通して輪をつくり、ビーズと一緒にフープピアスに通すだけの超簡単レシピです。

N2 バタフライ＆ローズのカラフルブレス

how to make >p.88

通す　チャーム留め　めがね留め

華やかなバラのモチーフは、女度がぐんとアップするフェミニンさが魅力。「甘すぎるかも……」と身につけるのをためらいがちですが、ブレスレットならさりげなく取り入れられます。柔らかなパステルカラーでまとめ、上品に仕上げました。

つなぐ　チャーム留め　めがね留め

小鳥、蝶、鍵――スイートなモチーフの複数使いを品よくまとめるなら、潔く白一色で統一するのが正解。ここでは品のよい艶が魅力的なマザーオブパールを使用。レモンイエローやシルバーのニュアンスカラーの天然石をプラスすることで、上質感が加わります。モチーフや石は、身につけたときにチェーンの外側にくるように付けることを忘れずに。

N3
小鳥＆バタフライのホワイトネックレス

how to make ＞p.89

指先を華やかに彩る天然石のリュクスリング

とびきり美しい天然石と出会ったとき、真っ先につくりたくなるのがリング。カン付きのリング台に石を付けたり、石でリングアームをつくったり——ここでは個性もつくり方も違う、4つのリングをデザインしました。小さいアイテムなので、どれも短時間で完成します。昼につくって、夜にはリングをつけて外出できる、比較的短時間で完成するレシピです。

01 グリーンクォーツ×アメジストのリング

how to make >p.90

通す　つなぐ　めがね留め

大粒の美しいオーバルカットの石は、一粒で魅せるリングにおすすめ。ここでは涼しげなグリーンクォーツのオーバルカットを主役に据え、リングアームをアメジストでつくることで個性を加えました。

チャーム留め

揺れ動くたびにシャラシャラときらめく石に目が奪われるリング。透明感のあるブルー系の石は、シルバーと組み合わせることで知的な雰囲気を漂わせます。石を美しく整列させるために、チャーム留めの輪の大きさが揃うように気をつけましょう。

02 アイオライト×アメトリンのリング

how to make >p.90

03
フローライト×シトリンのリング
how to make >p.91

チャーム留め　めがね留め

４種類６個の石を丸カンでひとつにまとめ、ボリュームたっぷりのシルエットに。細いリング台を合わせて、石のボリューム感を際立たせました。１個の丸カンに石をまとめるときは、はずれやすいので慎重に。

04
淡水パール×ルビーのリング
how to make >p.91

通す　つなぐ　チャーム留め

淡水パール×ルビーはノーブルな組み合わせ。そこに、ターコイズを巻きつけたリングを組み合わせて、モードな雰囲気にまとめました。リングにターコイズを巻きつけていく作業が新鮮で、楽しいレシピです。

つけ方のアレンジが楽しめる
デザインネックレス

厚手のニットに合わせるときはロング、シャツの襟からのぞかせたいときはショートに——。ＴＰＯに合わせて１連、２連にスイッチできるネックレスは、１本持っていると重宝。ここではさらに、チャームを付け替えたりブレスレットにしたり、セパレートしたり、さまざまなアレンジが楽しめるネックレスをデザイン。１本で３〜４通りのつけ方が楽しめます。

P1
ホワイトジュードの着せ替えネックレス

how to make >p.92

通す　結ぶ
つなぐ　チャーム留め

乳白色のホワイトジュードネックレスに、オリエンタルなペンダントトップを組み合わせました。カラフルな石付きのトップと白いシェルのトップは取りはずしができるので、気分に合わせてコーディネートが楽しめます。メッセージワードをモチーフにした留め具を正面に見せるなど、アイディア次第でアレンジの幅が広がります。

シェルのトップをはずして。カラフルなオリエンタルデザインのトップは、カジュアルファッションのワンポイントに。

白いシェルのペンダントトップ１つで潔く。乳白色のホワイトジュードとなじみ、清潔感あふれる女性らしいアレンジ。

１連でさらりと垂らせば、カジュアルなファッションにあか抜け感をプラスする、スーパーロングサイズに。

手首にグルグルと巻いて、個性的なブレスレットにしても。トップとモチーフの金具を１ヵ所にまとめて、上品な印象に。

つなぐ　チャーム留め　めがね留め

きれい色の石で飾られたロングサイズのネックレスは、２連にすれば一粒の淡水パールが清楚なワンポイントに。そして２ヵ所の留め具をはずしてセパレートすれば、２本のショートネックレスに早変わり！ １本で「華やか」と「清楚」の２つのデザインを楽しめるのがうれしい、マルチネックレスです。

ロングネックレスをさらりと１連でつけるパターン。地味色ファッションも華やかにブラッシュアップ！

２本にセパレートして、ショートネックレスに。色彩豊かな石が、顔まわりを明るく華やかな印象にしてくれます。

もう１本は、淡水パールの一粒ネックレスに。日常使いで大活躍すること間違いなしの、シンプルなジュエリーです。

P2 セパレートできるロングネックレス

how to make >p.94

Part 3

つくる前に知っておきたい

ジュエリーづくりの基礎知識

天然石ジュエリーをつくるために必要な道具や、天然石などの主役素材、金属パーツなどの脇役素材についての基礎知識を紹介します。

基本のツール

下に紹介する2種類のペンチとニッパー、目打ちがあれば、たいていの天然石ジュエリーをつくることができます。そして、右ページに紹介するのは、持っていればさらに便利で効率的に作業ができる道具の数々。いずれも専門店へ行けばさまざまなメーカーのものが揃っています。

いずれの道具も、その使いやすさ、質の良し悪しがジュエリーの仕上がりや作業スピードに関わってきます。実際に目で見て触れてみて、使いやすさを確認してから購入しましょう。ジュエリーづくりの先輩が身近にいる場合は、使いやすい道具を教えてもらうのもいい方法です。

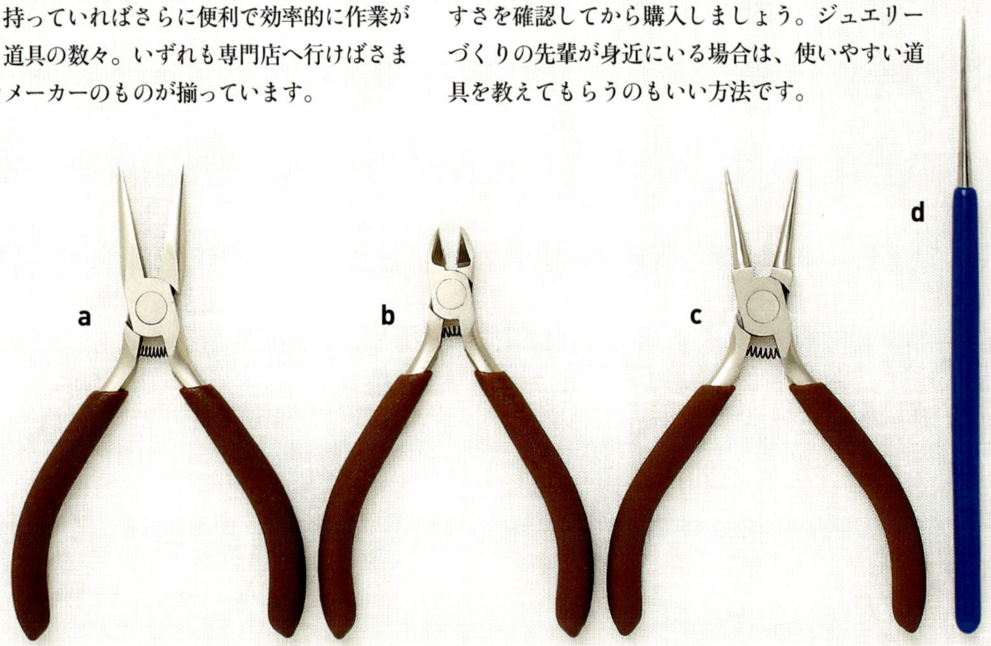

a 平ペンチ

ワイヤーやピンを曲げたり、丸カンを開閉するときに使用する、先端が平らなペンチ。アクセサリー製作用の平ペンチは、挟んだものに傷がつかないよう、ペンチの内側に溝がないのが特徴。ペンチを閉じたときに、先端に隙間ができずぴったり閉じるものがベスト。本書で紹介するジュエリーは繊細なデザインが多いため、ペンチの先が細いものがおすすめ。

b ニッパー

ピンやワイヤー、チェーンなどをカットするときに使用する。刃を合わせたときに隙間なくしっかりと閉じるもの、強い力を込めなくてもスパッとカットできる切れ味のよいものがおすすめ。また、本書の作品は小さな石に細いワイヤーを使用するケースが多く、その際は非常に細かな部分に刃先を当てるため、刃先が細いものが使いやすい。

c 丸ペンチ

先端が丸いペンチ。ピンの先端を輪にしたり、ワイヤーでめがね留めやチャーム留めの輪をつくるときに使用する。ワイヤーやピンを丸ペンチのどの位置で挟むかで輪の大きさが決まるので、どの位置でどれくらいの大きさの輪ができるのかを把握しておくことが大切。本書では比較的細いピンやワイヤーを使用することが多いため、先の細いタイプがおすすめ。

d 目打ち

革紐やコットンコード、シルクビーズコードなどを結ぶときに使用する。また、チェーンのコマが小さくてピンや丸カンが通らないときに、コマに先端を差し込んで広げる。からんだチェーンをほどくときにもあると便利な道具。針先が細く、繊細なチェーンのコマにも差し込むことができるもの、充分な長さがあり結ぶ作業がしやすいものがおすすめ。

e　ビーズトレー

ジュエリー製作中に使用する専用トレー。縁の立ち上がりや表面のフェルト素材が、小さな石やビーズの散らばりを防ぐ。また、ワイヤーやピンをカットするとき、このトレーに先端を押しつけるようにしてカットすることで、飛び散りを防ぐことができる。シート状の折りたためるタイプもあり、大判なので作業スペースも広くとれる。

f　定規、メジャー

1㎜の違いが仕上がりを左右する繊細なジュエリーづくりに、定規とメジャーは必携。ピンなどの短いパーツは定規で、チェーンなどの長いパーツはメジャーで計る。定規は0㎜の位置が一番端に設定されているものが計りやすくておすすめ。メジャーは手を離すと自動的に巻き取るタイプや金属製は避け、手芸用の柔らかいタイプを選ぶ。

g　接着剤

金属に使用でき、乾燥すると無色透明になるものがジュエリーづくりに使える接着剤。単体のものよりも、使う直前に2液を混ぜるタイプのほうが接着力が強力でおすすめ。写真はA液とB液を同量でよく混ぜ合わて塗布するタイプ。箱に記載されている硬化時間が長いほど、強度が増す。作業時間を長くとりたい場合も硬化時間が長いものを選ぶとよい。

h　三角トレー

三角形の小皿状のトレー。製作前に材料を小分けして整理するために使用する。縁の立ち上がり部分をスコップがわりにして、広範囲に散らばった小さなビーズや石をかき集める道具としても使える。小さなビーズや石を別の収納容器に移し替えるときにも、スコップのようにトレーの角を容器に差し入れて移すことで、散らばりを防ぐことができる。

作品の質の決め手となる
主役素材の知識

天然石ジュエリーの主役である天然石や、その美しさを引き立てる金属パーツについての基礎知識を紹介します。正しい知識は主役素材の選択眼を養うもの。作品のクオリティをより高めるために、ぜひ身につけたい知識です。

ペアシェイプカット

ドロップカット

ボタンカット

マロンカット

ラウンド、
ラウンドカット

オーバルカット

枠留めチャーム

ランダムカット、タンブル

天然石のおはなし

天然石とは

自然界で生成された鉱物や岩石のことを一般に「天然石」といいます。本書で使用しているのは、天然石にワイヤーやピンの通し穴を施した「天然石ビーズ」。一方、穴あけ加工されておらず、表面のカットや研磨が施されただけのものは「ルース（裸石）」と呼ばれます。

天然石の多くは、カットや研磨の加工が施されています。その他、色や輝きを引き出すために加熱したり、色を変えるために着色や放射線照射などの加工が施されることも。本書ではそれらも含めて「天然石」と表記しています。

購入はパーツショップや専門店で

天然石はハンドメイドアクセサリーのパーツショップや天然石の専門店で購入できます。これらのお店は東京の浅草橋や御徒町などに集中していますが、最近では新宿や渋谷、銀座などへの出店も多く見られるようになりました。一般向けのパーツショップは、天然石だけでなく道具や金属パーツなども取り扱っているので、まとめて買い物できるのがうれしいところ。最寄りのパーツショップを見つけておくと便利です。

一方、天然石の専門店の多くは専門業者向け。しかし、最近は一般客にも販売するお店が増えてきました。入り口に「業者専門」と書かれていなければ大丈夫。判断がつかないときは販売員に尋ねてみましょう。専門店は個性的な品揃えのお店が多いので、自分好みの一軒を探すのも楽しいものです。

買い方はいろいろ

天然石は一粒売りのものから、3～4粒の少数個売り、長さ約20cm分の「半連売り」、長さ約40cm分の「連売り」などさまざまな販売形態があります。このなかでも主流となっているのが、半連売りや連売りなどの複数個販売。一度に購入する個数が多いほど、石一粒あたりの値段が安くなる価格設定になっています。

とはいえ、一般に個人の趣味で天然石を購入する際は、少数個だけ必要になるケースが多いもの。一粒売りや少数個販売をしているショップは少ないですが、なかにはそれを売りにしているお店もあります。無駄のない買い方をするためにも、なじみの一粒売りショップを見つけておくと便利です。

石の選び方と注意点

自然の産物である天然石は、ひとつとして同じものがありません。同じ種類の石の連売りを購入しても、そのなかの一粒一粒の品質は均一ではないのです。大きさや形、透明度、通し穴の大きさなどは、それぞれ微妙に違います。また、内包物や欠け、ひびもよくあるもの。それらをすべてチェックし、納得したうえで購入することが大切です。一粒売りの場合も、小皿に同じ種類の石を複数個入れて販売しているケースが多いので、そのなかから納得の一粒を選ぶようにしましょう。

また、必ずチェックするべきなのが通し穴のサイズ。つくり始めてみたら「ワイヤーやピンが通らない！」というのはよくあること。とくに小さな石は通し穴も小さいので、店頭で実際に試してみて、サイズの合うワイヤーやピンを揃えるようにしましょう。

最近はインターネット販売をする天然石ショップも多数ありますが、実物のチェックができないのが難点。慣れないうちは、実物をよく見てから選び、購入することをおすすめします。

天然石の美しさを引き出すカット

天然石には、輝きや個性を引き出すためにいろいろなカットや研磨が施されています。同じ種類の石でも、カットが違えばその個性や印象に大きな違いが生まれるのが面白いところ。

左は、本書で多用したカットの石を並べたもの。自分の好きな石や誕生石のカットの違うものを集めたり、同じカットで違う種類の石を集めたりするのも楽しいものです。

ゴールド系素材のおはなし

金メッキ

真鍮など下地となる金属にゴールドカラーの合金を被覆した素材。比較的安価なのが魅力ですが、摩耗によってメッキが剝げたり、色あせが起こりやすいのが難点。初心者の練習用や、低コストでジュエリーを製作したいときにおすすめの素材です。

最近では、下地となるシルバー925の表面に10K以上の金が張られた「ヴェルメイユ」もパーツショップでよく見かけるようになりました。金属アレルギーが起こりにくいこと、高級感があることから人気です。

10K、18K

ハイエンドジュエリーに使用されているゴールドカラーの貴金属で、軟らかい純金にほかの金属を添加して硬度を高めた合金。金の純度は「Karat（カラット）」で表され、純金が「24K（カラット）」、純金含有率75％の合金が「18K」、比較的安価で人気の純金含有率41.7％の合金が「10K」と表記されています。これらの素材を取り扱うパーツショップもありますが、金メッキやゴールドフィルドと比べるとかなり高価。練習を積み、一生ものをつくる決心をしたときに挑戦したい素材です。

ゴールドフィルド

下地となる真鍮などの金属の表面に、金の層を圧着した「金張り（gold filled）」の素材。総重量の1／20以上に14K（純金含有率約58.5％の合金）が使用されている「14KGF」が多く流通しています。欧米ではアンティークジュエリーにも用いられ、現在でもその美しさを保つほど耐久性があるのが特徴。18Kなどの貴金属と比べると比較的安価でありながら、ほぼ同じ質感で高級感があることから人気が高まり、取り扱うパーツショップも増加中。長く使い続けたい天然石ジュエリーをつくるときにおすすめです。

シルバー系素材のおはなし

銀メッキ

真鍮などの表面に、ニッケルやパラジウムなどシルバーカラーの金属を被覆した素材。パーツショップでは「ロジウム」「ロジウムカラー」と表記して販売されることが多いようです。ただし、安価な商品に表記された「ロジウム」はシルバー系のカラーであることを示すもので、金属のロジウムが実際に使用されているわけではないのでご注意を。真新しいシルバーカラーのメッキに対して、自然に退色したような「銀古美《ぎんふるび》」というアンティーク風の銀メッキも人気です。同様に、真鍮が色あせたような金メッキの「金古美《きんふるび》」もあります。

シルバー925

一般に「シルバー」と呼ばれる銀製品のこと。「925」は92.5％の純銀を含むという意味で、非常に軟らかい純銀の硬度を増すために、残りの7.5％はほかの金属を添加しています。店頭では「SV925」「silver925」という表記で販売されています。貴金属のなかでは比較的安価なのが魅力。カジュアルな雰囲気のジュエリーをつくりたいときにおすすめの素材です。最近では、シルバー特有の変色を起こさないように、プラチナや金を混ぜている製品も登場しています。

シルバーフィルド

下地となる真鍮などの金属の表面に、シルバー925を圧着した「銀張り（silver filled）」の素材。最近登場した、比較的新しい材料のひとつ。ゴールドフィルドと同様に、剝がれることがほとんどなく、見た目もほぼシルバー925と変わらない点、比較的安価である点が魅力です。総重量の1／20以上にシルバー925を使用しているものが「シルバーフィルド1／20」、1／10以上に使用しているものが「シルバーフィルド1／10」という表記で販売されています。

ジュエリーづくりに欠かせない 基本の素材

天然石ジュエリーづくりには、天然石や金属パーツをつなげたり留めたりするためのさまざまな素材が必要です。ここでは、ジュエリーづくりに頻繁に登場する基本的な素材を紹介します。

a 丸カン、Cカン

左から丸カン、Cカン。パーツ同士をつなぐための金具。2本のペンチで挟んで前後にねじり、輪の切れ目を開いてパーツを通す。通すパーツの大きさに合わせて太さや直径を選ぶ。丸カンは正円形、Cカンは細長い楕円形。作品のなかで目立たせたくないときにはCカンがおすすめ。

b 留め金具

ネックレスやブレスレットを留めるための金具。エンドタグやアジャスター用チェーンなどに通して閉じる。上がヒキワ、下がカニカン。本書では留め金具を目立つ位置に付けるデザインのときは、カニカンを使用した。

c ピン類

左からデザインピン、9ピン、Tピン。天然石やパーツの穴に通し、先端をカットして輪をつくり、ほかのパーツとつなぐときに使用する。太さや長さはいろいろなサイズがあるので、デザインに合わせて選択する。

d ワイヤー

めがね留めやチャーム留めなどに使う。使用する天然石やパーツに合わせて、サイズをセレクトする。本書ではゴールドカラー、シルバーカラーのワイヤーで、適度な強度と扱いやすさをもつ太さ0.3㎜と0.4㎜のものを多用した。練習用や低コストで製作するときには合金のアーティスティックワイヤー、大切な作品をつくるときにはゴールドフィルドやシルバー925などの上質なソフトワイヤーを使うなど、レベルや目的に合わせて素材も使い分けるとよい。

e メタルビーズ

本書では天然石ビーズのほか、金属製のビーズもワンポイントで使用。質感の違うメタルビーズが入ることで、デザインが単調にならず、洗練された雰囲気に仕上がる。

f U字金具

U字形部分にビーズコードを通し、強度の高い金属の輪の状態にすることで、ビーズコードの端を丸カンなどにつなげやすくする金具。

g つぶし玉

本書ではU字金具に通したビーズコードの結び目をつぶし玉の中に入れてペンチでつぶし、コードの端の処理をするときに使用。コードに通した石の両脇に配してつぶすことで石を固定したり、ビーズとして使ったり、アイディア次第で使用範囲が広がる素材。

h ロンデル、スペーサー

左からロンデル、スペーサー。華やかさを添えたり、デザインにワンポイントが欲しいときに使う装飾パーツ。穴あけされた円盤状で、コードやチェーンにそのまま通したり、ピンやワイヤーでつないで使用する。

i 座金

石の片側にかぶせたり、両側から挟むようにして配する装飾金具。使い方が簡単なうえ、華やかさや高級感を添えるのに効果的なパーツ。石にフィットするように丸みのついた形をしている。

j リング台

指輪のアームパーツ。左はチャーム留めやめがね留めした天然石やパーツを付けるカン付きのリング台。右はU字形のハーフリング台。あいている部分に天然石やパーツをワイヤーでつなげて使用する。

k ピアス&イヤリング金具

左から時計回りにフープピアス、ネジバネ式イヤリング、フープイヤリング、ピアスフック。フープや、カンやフック部分に、ピンやワイヤーで輪をつくって天然石やパーツを付ける。イメージに合わせてさまざまなデザインを楽しみたい。

l コットンワックスコード

コットン製の紐に蠟を塗り、強度や防水性、防汚性を高めた素材。蠟引き紐ともいう。天然石やパーツに通したり、結び目をつくって、ネックレスやブレスレットに仕立てる。肌触りの優しさやマットな質感は、上品なコードネックレスをつくりたいときに最適。

m 革紐

本革製のコードはカジュアルなイメージのネックレスやブレスレットにおすすめ。幅1㎜のものからあり、天然石をそのまま通したり、結び目をつくったりといった手作業が楽しめる。本書では結ぶだけでつくれるネックレス(p.13)のレシピも紹介した。

n シルクビーズコード

シルク製のビーズワーク専用糸で、先端に針が付いている。しなやかで繊細な素材感と豊富なサイズが特徴。色も豊富に揃うので、天然石との色合わせが楽しい素材。色違いのコード2本を使って色合わせを楽しむのもおすすめ。

o リボン

上はレースリボン、下はシルクシフォンリボン。リボンは、フェミニンで上品な華やかさを出したいときの強い味方。特別な日につけるジュエリーをつくるときに使いたい。一緒に使う金属パーツと同じカラーを選ぶと、品よく仕上がる。

a 丸カン、Cカン

b 留め金具

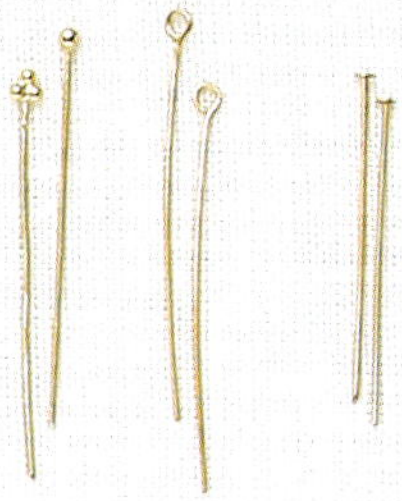

c ピン類

d ワイヤー

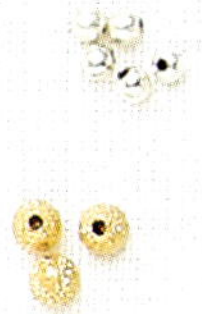

e メタルビーズ

f U字金具

g つぶし玉

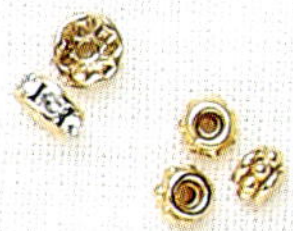

h ロンデル、スペーサー

i 座金

j リング台

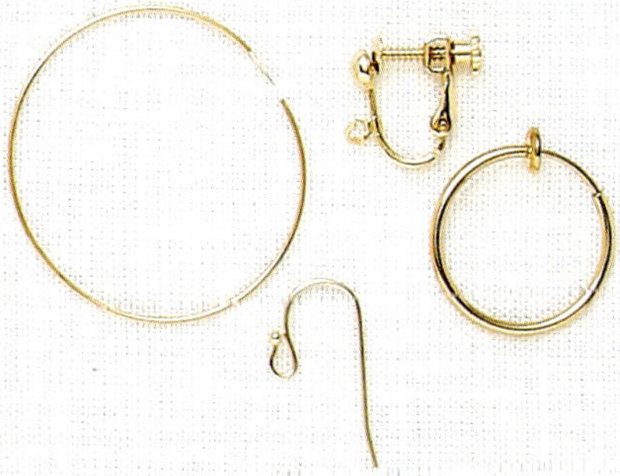

k ピアス&イヤリング金具

l コットンワックスコード

m 革紐

n シルクビーズコード

o リボン

よくある失敗の回避法

ジュエリーづくりに慣れないうちは、思いどおりに仕上がらなかったり、想定外の失敗をしてしまうもの。
ここでは初心者が陥りがちなトラブルを取り上げ、
それらを回避したり、失敗をうまく修正する方法を紹介します。

失敗1　石の穴にピンやワイヤーが通らない！

回避法　石やピン、ワイヤーのサイズを替えてみる

材料をすべて揃え、いよいよつくり始めたところでよくあるのが、石にピンやワイヤーが通らない！　という失敗。ここで無理やりピンを押し込んだり、目打ちを穴に差し込んだりするのはＮＧ。石が割れるなど、取り返しのつかない事態になります。反対側の穴から通してみたり、同じ種類の石がある場合は石を替えてみるのが最初の対応。同じ種類の石でも、穴の大きさはまちまちなので、石を替えたらあっさり通ることはよくあります。それでも通らない場合は、ピンやワイヤーを細いサイズに替えましょう。

一番の回避法は、購入時に石の穴の大きさを確認すること。販売員に尋ねたり、いくつかのサイズのピンを用意してショップへ持参して石に通してみれば、確実です。

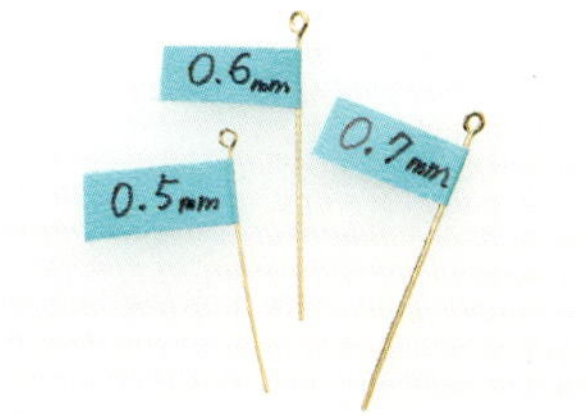

よく使うサイズのピンを石の購入時に持参して確認すれば失敗なし。

失敗2　めがね留めの輪がゆがむ

回避法　丸ペンチにしっかり巻きつける

めがね留めの輪を正円形に仕上げるのはなかなか難しく、初心者はとくに、楕円形になったりゆがんだりしがち。これは輪をつくるときに、丸ペンチにワイヤーをしっかりと巻きつけていないことが原因。ワイヤーにたるみが出ると、輪がゆがみやすくなってしまうのです。輪をつくった時点でたるみが出た場合は、一度ワイヤーの先を軽く引っ張り、ワイヤーをしっかりとペンチに巻きつけるようにしましょう。また、ゆがんで仕上がってしまった場合は、丸ペンチをもう一度輪に差し入れて軽く押し込むようにすると、正円形に整えることができます。力を入れすぎるとワイヤーが切れてしまうので注意を。

チャーム留めも同様に、ワイヤーを丸ペンチにしっかり巻きつけることが正円形の輪に仕上げるコツです。

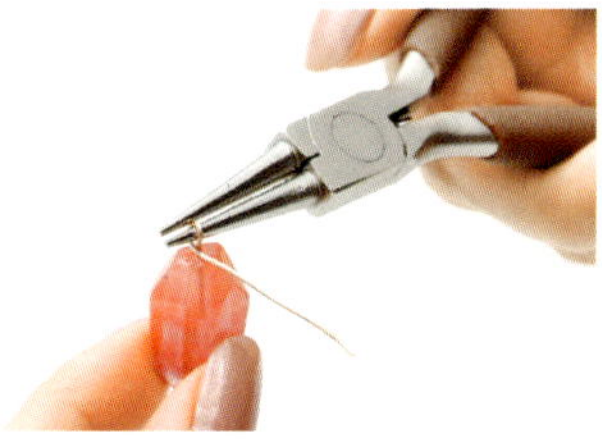

輪をつくるときに、丸ペンチにワイヤーを隙間なくしっかりと巻きつけることがきれいな正円形に仕上げるコツ。

ゆがんだ輪の直し方

1

両側の輪がゆがんでしまっためがね留め。

2

丸ペンチを輪に差し入れ、軽く押し込むようにする。

3

丸ペンチの形どおりの正円形に輪が整った。

失敗3　めがね留めした石がしっかり留まらない

回避法　巻きつけ部分に隙間ができないようにしっかり巻きつける

めがね留めした石がしっかりと固定されず、グラグラと動いてしまっている状態では、せっかくのジュエリーも台無し。この失敗は、めがね留めの仕上げであるワイヤーの巻きつけ部分がゆるんでいることが原因です。ワイヤーの巻きつけ部分に隙間ができると石がしっかり留まらず、だらしない印象に。ゆっくり丁寧に、隙間ができないようにしっかりとワイヤーを巻きつけるようにしましょう。

両側めがね留めの１つ目の輪をつくる段階で巻きつけ部分に隙間ができてしまった場合は、途中で修正が可能です。親指と人差し指の爪の先を巻きつけ部分の下に当て、輪の根元に向かってそっと押し上げて。隙間が埋まったところで、平ペンチで巻きつけ部分を上下からそっと挟めば、隙間がなくなり、美しい巻きつけ部分に生まれ変わります。

ちなみに、片側だけのめがね留めや、両側めがね留めの２つ目の輪の巻きつけ部分に隙間ができてしまった場合は、潔くカットして最初からやり直しましょう。

めがね留めの輪をつくったら、輪の根元から石に向かって、隙間ができないようにしっかりと丁寧にワイヤーを巻きつける。ワイヤーが重ならないように注意。

巻きつけ部分の隙間を埋める方法

1

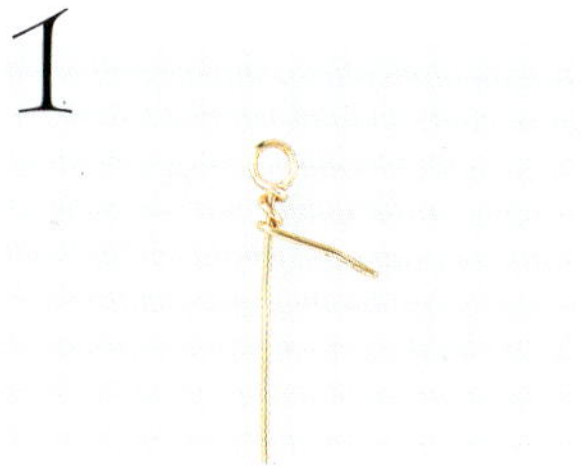

輪の下の巻きつけ部分がゆるく、隙間ができてしまっためがね留め。このまま石を通すとしっかり留まらないうえに、見た目にもだらしない印象に。

2

輪に丸ペンチを差し入れ、親指と人差し指の爪の先を巻きつけ部分の下に当てて、下から上へそっと押し上げる。

3

巻きつけ部分を平ペンチで上下からそっと挟み、さらに隙間をなくす。力を入れすぎるとワイヤーがゆがむので注意。

失敗4　チャーム留めに失敗し、ワイヤーをカットしたら穴から取れなくなった！

回避法　ワイヤーのカットは１ヵ所だけに

チャーム留めが納得のいく仕上がりにならなかったときは、やはり最初からやり直したいもの。そんなときは失敗したチャーム留めのワイヤーをニッパーでカットしますが、うっかり穴の両側２ヵ所のワイヤーをカットしてしまうと大変なことに。石の通し穴の中にワイヤーが残り、抜けなくなってしまうのです。ほかのピンやワイヤーを差し込んで押し出し、事なきを得ることもあります。しかし、穴がタイトな場合はワイヤーはびくともせずに、せっかくの石がお蔵入りになることも。そうならないためにも、やり直しの際の正しいカット方法を知っておきましょう。カットするのは１ヵ所だけ、が鉄則です。

1

石の穴の片側から出ているワイヤーをニッパーで石の際でカット。ニッパーの刃が石に触れないように注意を。また、ニッパーの刃を反対に向けるとワイヤーを穴の際でカットできないので、刃の合わせ目を石側に向けること。

2

カットしていないほうのワイヤーを平ペンチで挟み、ワイヤーをそっと引き抜く。

失敗5　ピンの輪の大きさが揃わない

回避法　1回ずつ定規やメジャーでピンの長さを計る

Tピンや9ピン、デザインピンで輪をつくる作業は、単純なようで、正確に仕上げるのが難しいもの。とくにひとつのジュエリーのなかで複数の輪をつくるとき、輪の大きさがまちまちになってしまうと、仕上がりのクオリティも下がってしまいます。

輪の大きさをいつも均一にするコツは2つ。まず、輪をつくるピンの長さを揃えること。ピンを石に通して先端をカットするとき、目分量でカットするとどうしても長さが揃わず、輪の大きさがまちまちになってしまいます。慣れるまでは1回1回、定規やメジャーで正確に計ることが大切です。もうひとつは、丸ペンチのどの位置で輪をつくるのかを決めておくこと。丸ペンチで挟む位置が変われば、輪の大きさも変わってしまいます。いつも決まった位置で輪をつくれば、輪の大きさは自ずと均一になるはずです。

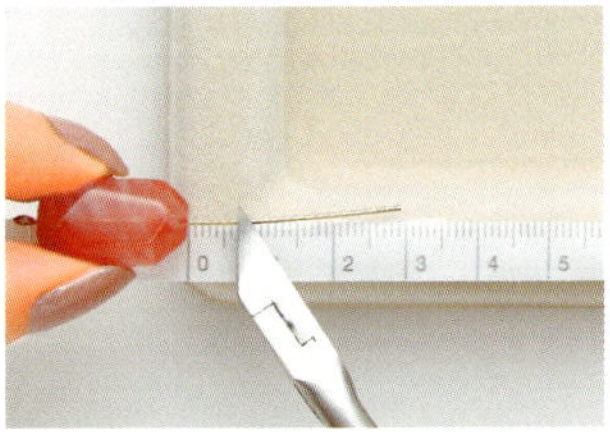

ビーズトレーに両面テープでメジャーを張りつけておけば、忘れることなく、ピンの長さが計れます。

輪のピン先が余ったときの修正法

1

輪が完成！ と思ったら、ピン先が余って輪からはみ出している状態に。

2

輪がちょうど正円形になる位置にニッパーの刃先を当てて、余ったピン先をカットする。カットしすぎると輪に隙間ができてしまうので注意。

輪に隙間ができてしまったときは

ピンが短すぎたり、丸ペンチの太い部分で挟むと、隙間ができてしまいます。少しの隙間なら修正できますが、大きな隙間の修正は不可能。あきらめてピンをはずし、最初からやり直しを。

column

ワイヤーでピンづくり

使おうと思っていたピンが石に通らない。たくさんのピンを使うことでコストがかかりそう……。そんなときにおすすめなのが、ワイヤーを必要な長さにカットして片方の端を曲げ、ピンの代用とするワザ。デザインピンよりも存在感がない仕上がりになるので、石だけを引き立たせたいときにも使えるテクニックです。

1

ワイヤーを必要な長さにカット。片方の先端の1mm分を平ペンチで挟む。

2

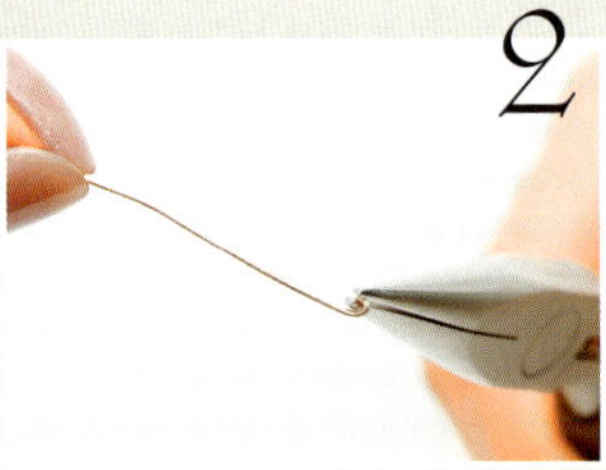

挟んだ端を折りたたむように曲げる。

3

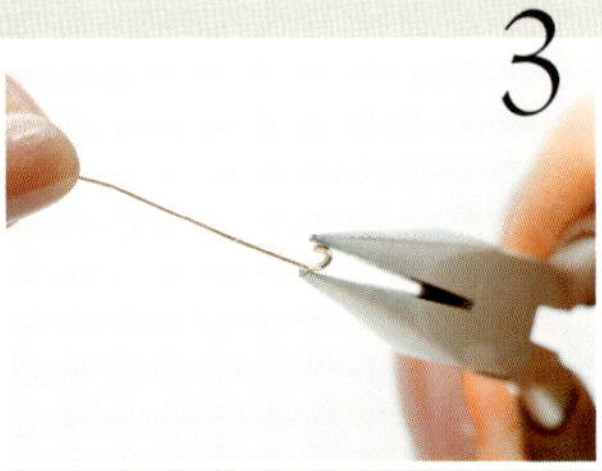

折りたたんだ部分を平ペンチで挟み、軽くつぶす。

4

折りたたんだピンの先端の外側を斜めにカットして完成。

Part 4

天然石ジュエリーのつくり方

Part 1、Part 2に掲載した天然石ジュエリーのつくり方を紹介します。
初めてレシピを見る人にとっては、見慣れない図や聞き慣れないワードが並び、
最初は難しく感じるかもしれません。
しかし、本書はジュエリーづくり初心者にも、
最大限にわかりやすく、ストレスなくつくれるようにレシピを練り上げました。
自分のレベルに合わせて実際につくり始めてみれば、
すぐに道具や材料の扱い、レシピの読み解き方に慣れてくるはず。
まずは気に入ったジュエリーをひとつ、完成させてみましょう。

つくり始める前の注意点

1

まず材料をすべて揃え、材料表と照らし合わせて足りないものがないかをチェック。その後、レシピを一度最初から最後まで読み通し、作業のイメージを頭に入れておきましょう。そうすることで、失敗が格段に少なくなります。

2

つくり始める前に、一度、天然石すべてに使用するワイヤーやピンを通してみて、実際に穴に通るかどうかをチェックしておきましょう。

3

材料表に記載しているワイヤーやチェーンは、すべて必要な長さにカットした状態のものです。店頭ではその長さで販売されていないケースがほとんどのため、すべてを合計した長さを用意し、それをニッパーでカットする準備が必要です。たとえば、材料表に「チェーン…6cm×5本」とある場合、30cm+カットロス分2～3cmを用意し、6cmずつにカットします。定規やメジャーで長さを正確に計りましょう。

4

自然の産物である天然石は、同じ種類、同じカットでも、色や形、大きさや穴の大きさなどが微妙に違います。材料表に記載したカットや大きさは、ショップで購入する際の目安にしてください。

5

図の丸数字（❶、❷、❸など）は、つくり方の手順を表す数字と連動しています。

6

本書に掲載したジュエリーは、ゴールドカラーの金属はゴールドフィルド、シルバーカラーの金属はシルバー925を使用することをイメージしてデザインしています。ただし、これらの金属は比較的コストがかかるため、低コストで製作したい場合や、失敗が予想される初心者の場合は安価なメッキ製品で製作することをおすすめします。

7

本書で使用した金属パーツのうち、特殊なデザインのものは品名と取り扱いショップを記載しています。ただし、商品は売り切れや廃盤になることもありますので、各店舗へお問い合わせのうえ、店頭にて購入してください。お問い合わせ先は最終ページに記載しています。

A1 シトリンチャーム×ブラックスピネルのフリンジピアス

p.09掲載　〈 **完成サイズ** 〉長さ約7cm

通す

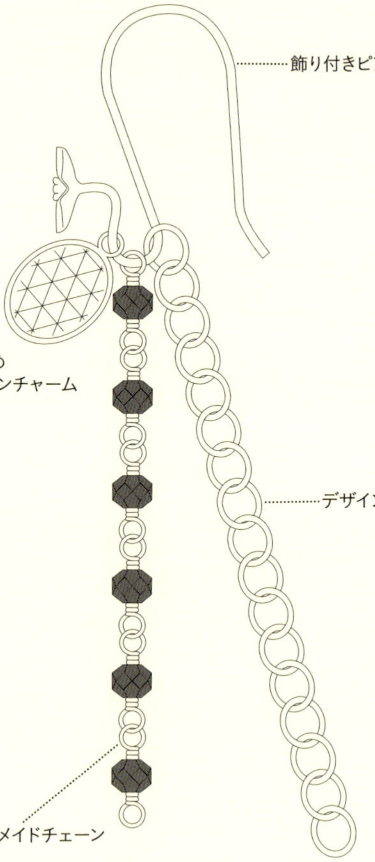

〈 **材料** 〉
枠留めシトリンチャーム（ファセットカット11×7mm）…2個
ハンドメイドチェーン（ブラックスピネル）
…約4.2cm（石6個分）×2本
飾り付きピアスフック（18金コーティングパーツ
フラワーGPP-766／ビーズラウンジ）…1ペア
デザインチェーン（3mm幅）…5cm×2本

〈 **使う道具** 〉
なし

〈 **つくり方** 〉
❶ ピアスフックの飾りがないほうから、枠留めシトリンチャーム、ハンドメイドチェーン、デザインチェーンを順に通す。
❷ もう片方のピアスも同様につくる。

ハンドメイドチェーンのカット方法

ハンドメイドチェーンをたるまないようまっすぐに伸ばし、定規で長さを計る。必要な長さの1つ先の石のめがね留めの輪をニッパーでカットする。

A2 アメジストのフープピアス

p.09掲載　〈 **完成サイズ** 〉長さ約2.5cm

通す

〈 **材料** 〉
アメジスト（コンケーブカット9×5mm）…2個
国産キャストチャーム（リボン1 G／貴和製作所）…2個
フープピアス（19mm）…1ペア

〈 **使う道具** 〉
平ペンチ、定規

〈 **つくり方** 〉
❶ フープピアスにアメジスト、チャームを順に通す。アメジストは耳につけたときに表が正面を向くように通す。
❷ ピアスの先端から5mmの位置を平ペンチで挟み、外側に向けて90°に曲げる（下の「フープピアスの先端の曲げ方」参照）。
❸ もう片方のピアスも同様につくる。

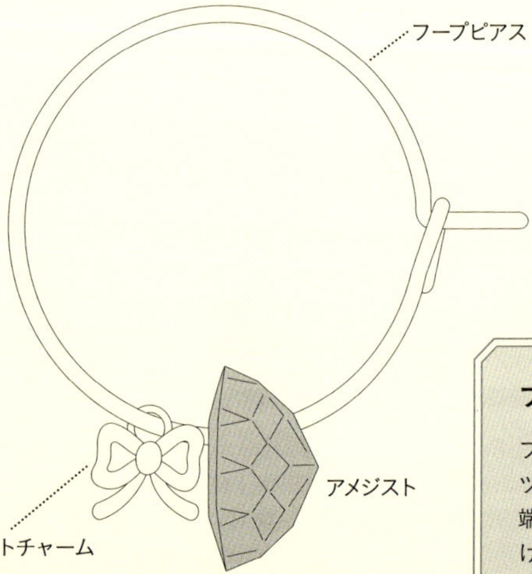

フープピアスの先端の曲げ方

フープピアスに石やパーツを通したあと、パーツが抜けないようにピアスの先端を曲げる。先端から5mmの位置を平ペンチで挟み、外側に向けて90°に曲げる。何度も曲げ伸ばしをするとピアスが折れることがあるので、慎重に。

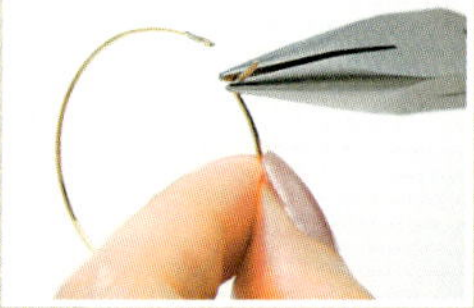

A3 グリーンアメジストのドロップピアス

p.09掲載 〈**完成サイズ**〉長さ約6.5cm

通す

〈 材料 〉
グリーンアメジスト（コンケーブカット15×11mm）…２個
ハンドメイドチェーン（ブルームーンストーン）
…約13cm（石９個分）×２本
メタルカットビーズ（３mm）…20個
ピアス金具（ワイヤーシズク50×30mm）…１ペア

〈 使う道具 〉
接着剤

〈 つくり方 〉
❶ 全体図のとおりにメタルカットビーズ、ハンドメイドチェーン、グリーンアメジストをピアス金具に通す。グリーンアメジストは耳につけたときに表が外側を向くように通す。
❷ 全体図のAの位置にあるメタルカットビーズを上にずらし、ピアス金具に接着剤をつけ（下の「接着剤のつけ方」参照）、ずらしたビーズをすぐに元の位置に戻す。固まるまでおく。
❸ 右耳用のピアスも同様の手順で、左右対称につくる。

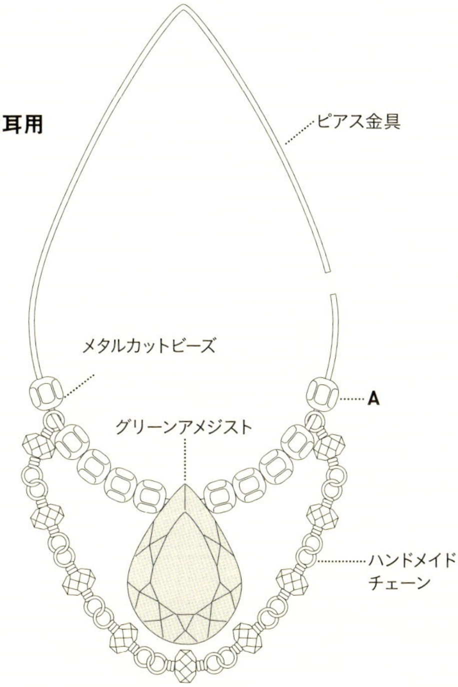

接着剤のつけ方

ここでは接着力の強い２液混合タイプ（p.47参照）を使用。A液とB液をメモ用紙の上などにごく少量を同量で出し、楊枝で円を描くようによく混ぜ合わせる。

楊枝の先に接着剤を少量とり、つけたい部分に塗布する。すぐに、固定したいビーズを接着剤をつけた位置に移動させ、完全に固まるまでおく（固まるまでの時間は接着剤の説明書を参照）。

A4 ピンクカルサイトのハートピアス

p.09掲載 〈**完成サイズ**〉長さ約3.5cm

通す

〈 材料 〉
ピンクカルサイト（ラウンド４mm）…６個
リボンパーツ（5.5×8×3mm　縦横両穴　PT-301938-G
／PARTS CLUB）…４個
ピアス金具（ハート30×32mm）…１ペア

〈 使う道具 〉
接着剤

〈 つくり方 〉
❶ 全体図のとおりに、ピンクカルサイトとリボンパーツを交互にピアス金具に通す。
❷ 全体図のAの位置（ピアス金具の片方の先端）に接着剤を塗布し、すぐに片穴ビーズ（ピアス金具の付属品）をはめ込む。固まるまでおく。
❸ もう片方のピアスも同様につくる。

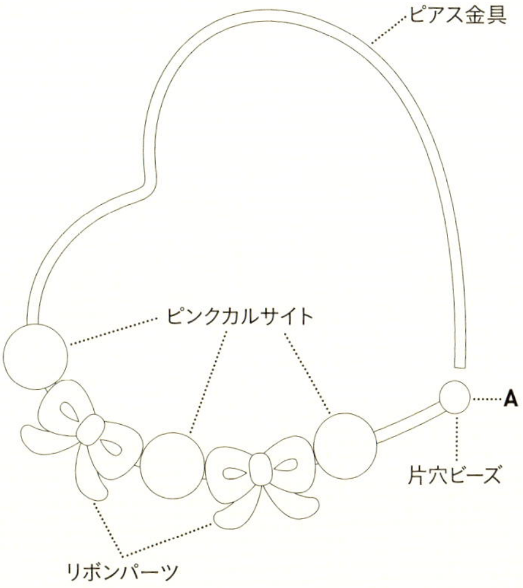

B1 シルクシフォンリボンブレスレット

p.10掲載 〈完成サイズ〉長さ約87cm

通す

〈材料〉

シルクシフォンリボン
（ミディアムピンクレッド87×1.5cm）…1本
枠留めクリスタルチャーム
（オーバル・ファセットカット15×9mm）
…1個
バチカン付きシトリンチャーム
（9×6mm）…1個
ビーズ（カレンシルバーパーツ8×7mm）
…6個
ビーズ（スジ丸玉8mm）…2個

〈使う道具〉

定規

〈つくり方〉

❶ 枠留めクリスタルチャーム、バチカン付きシトリンチャームをリボンの片方の端から中央まで通す。
❷ リボンの中央から両方の端に向かって、7cm間隔でビーズ（カレンシルバーパーツ）を左右それぞれ3個ずつ通す。
❸ ②の左右の3個目のビーズ（カレンシルバーパーツ）からそれぞれ15cmの位置にビーズ（スジ丸玉）を通す。

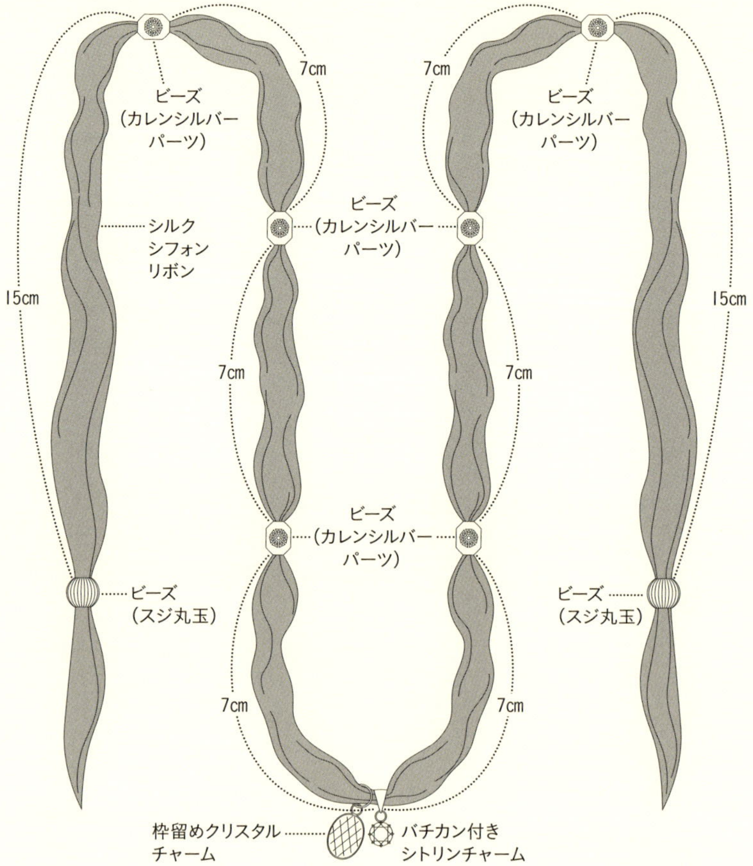

シルクシフォンリボンブレスレットのつけ方

中央のチャーム2個を少しずらし、リボンの中央部分を持って二つ折りにする。

中央部分が手首の内側にくるように、リボンをのせる。

中央部分の輪の内側に、リボンの両端を下からくぐらせる。

通したリボンの両端を軽く引っ張って手首にリボンを密着させ、手首に1周巻きつける。

手首の内側のリボンが交差した部分に、リボンの両端を数回巻きつける。リボンの端は少し出して見せてもきれい。

手首の外側のパーツをバランスよく配置して完成。

B2 マルチカラーフローライト×ハボタイコードのラリエット

p.11掲載　〈**完成サイズ**〉長さ約87cm

通す

〈 **材料** 〉
ハボタイフーラードコード
　（レッド110cm×３mm）…１本
マルチカラーフローライト
　（64面ラウンドカット８mm・２mm穴）…11個
スペーサー（７×５mm・穴径2.5mm）…４個
ツメ付きエンドパーツ（11×６mm）…２個
チェーン（４mm幅）…90cm

〈 **使う道具** 〉
平ペンチ、定規、はさみ

〈 **つくり方** 〉
❶ エンドパーツの裏側のツメが付いているほうにコードの片方の端をのせる。片側のツメにチェーンの端を引っ掛ける。

❷ チェーンを引っ掛けていないほうのツメを平ペンチで折りたたむようにつぶす。反対側のツメも平ペンチでつぶしてコードとチェーンを固定する。

❸ ②と反対側の端からフローライトを１個、②から３cmの位置に通す。②から６cmの位置のチェーンのコマにコードを通す。
❹ ③と同様にして、６cm間隔でチェーンのコマにコードを通しながらフローライトとスペーサーを全体図のとおりに通す。
❺ チェーンと同じ長さになるように、余分なコードをカットする。
❻ ⑤の端を①、②と同様に処理する。

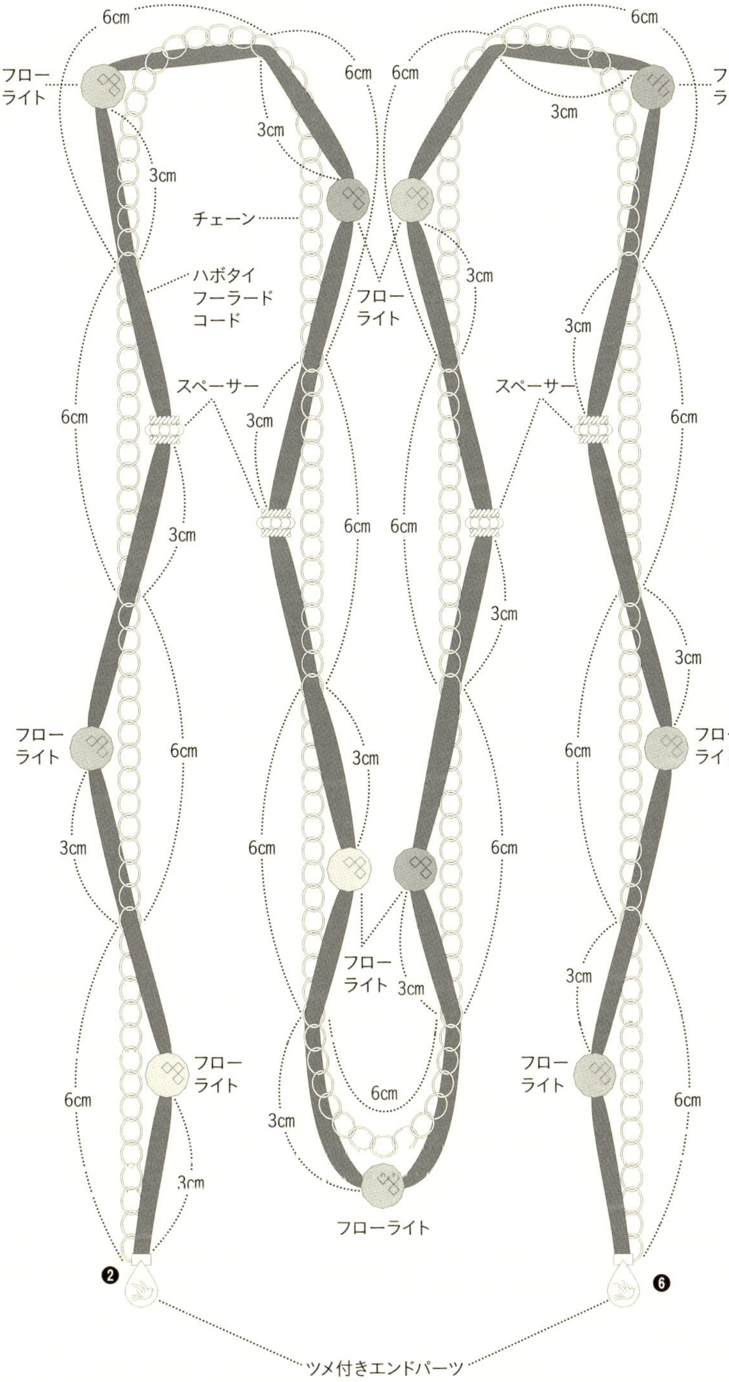

C1 フローライト×アメトリンの革紐ネックレス

p.13掲載 〈**完成サイズ**〉長さ約65.5cm

結ぶ

〈 **材料** 〉

アメトリン（オーバルカット14×10mm）…1個
フローライト（タンブルカット
10〜13×8〜11mm）…3個
フローライト（ラウンドカット10mm）…2個
淡水パール（ポテト8×9mm）…4個
鍵チャーム（3.2×1.5cm）…1個
本革コード（芯入り・焦げ茶1mm幅）…1m
本革コード（芯入り・ピンク1mm幅）…1m

〈 **使う道具** 〉

ニッパー、定規

〈 **つくり方** 〉

❶ 鍵チャームの輪にコード2本をまとめて通し、チャームをコードの中央に寄せる。

❷ 中央から3cmの位置で2本まとめて一つ結びをする。反対側も同様に、3cmの位置で一つ結びをする。

❸ 全体図のとおりに、1本のコードを石に通し、直前につくった結び目から4cmの位置で2本まとめて一つ結びをすることを繰り返す。石に通すコードは焦げ茶とピンクを交互にする。

❹ 全体図の**A**の位置でコード2本をフローライト（タンブルカット）に通して折り返し、前の結び目から7cmの位置で、4本まとめて一つ結びをする。余分なコードはカットする。

❺ 全体図の**B**の位置で一つ結びをし、そこから2cm間隔で結び目を3つつくる。結び目と結び目の間に④の石が通るかを確認したあと、余分なコードをカットする。

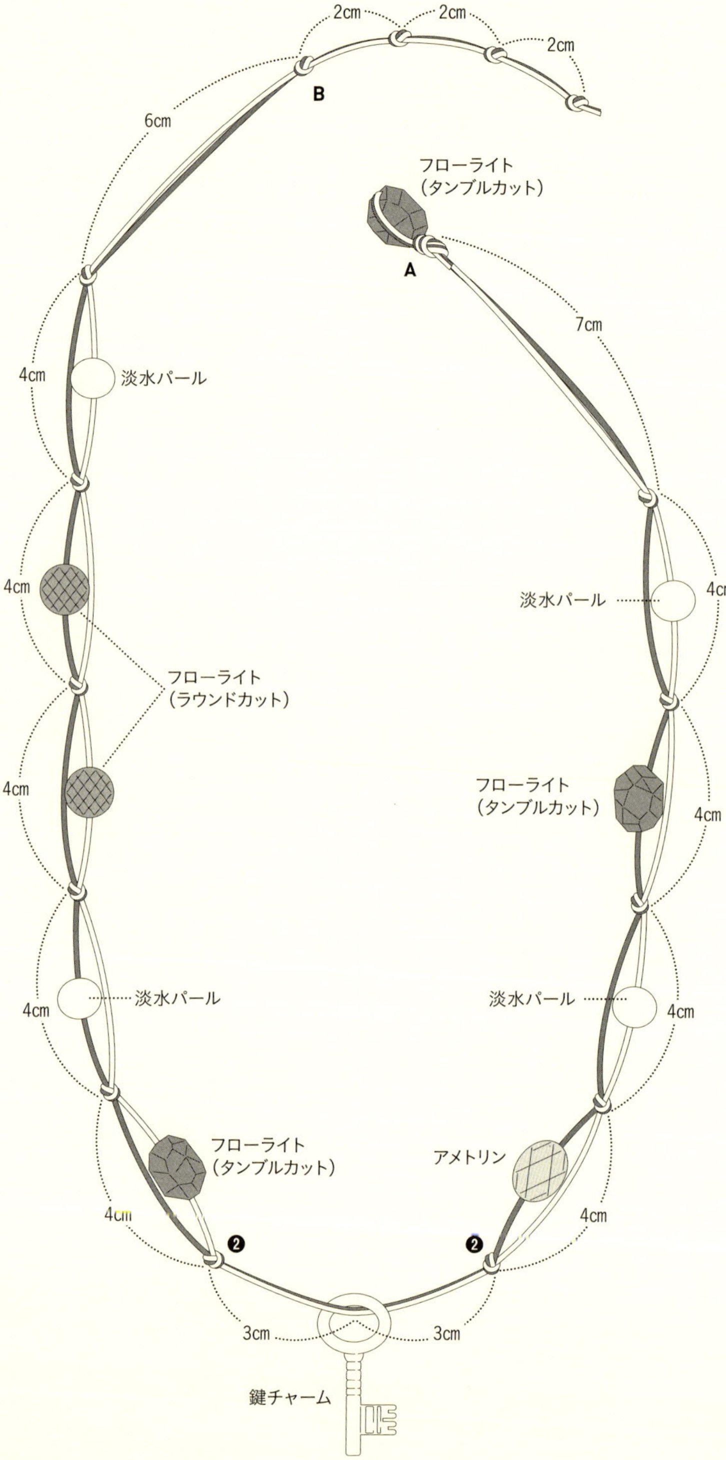

C2 モーブカラーの革紐ネックレス

p.13掲載 〈**完成サイズ**〉長さ約70.5cm

結ぶ

〈 材料 〉

a クリスタルクォーツ（ラウンドカット12mm）…1個
b ローズクォーツ（ラウンドカット12mm）…1個
c シーブルーカルセドニー（ラウンドカット12mm）…1個
d ラブラドライト（ラウンドカット5mm）…3個
e アマゾナイト（さざれ4〜6×8〜10mm・1.5mm穴）…4個
f キュービックチャトン（丸・クリスタル6mm）…1個
g キュービックチャトン（丸・クリスタル5mm）…1個
h スペーサー（5×3mm・穴径2mm）…5個
本革コード（芯入り・ベージュ1mm幅）
…30cm×1本、1m×1本

〈 使う道具 〉

ニッパー、定規、接着剤

〈 つくり方 〉

❶ コードの中央に**a**を通し、石の両脇で隙間ができないように一つ結びをする。
❷ コードの片方の端から**b**を通し、①の結び目と隙間ができないように寄せて石の際で一つ結びをする。
❸ ②と反対側の端から**c**を通し、①の結び目と隙間ができないように寄せて石の際で一つ結びをする。
❹ ②の結び目から2cmの位置で一つ結びをし、**d** 1個を通す。同様にして、結び目を1つつくっては石やパーツを通すことを繰り返し、全体図のとおりに**d**、**f**、**e**を通す。
❺ ④の最後に通した**e**から20cmの位置で一つ結びをし、**e**と**h**を通して隙間ができないように一つ結びをする。結び目から5mm残してコードをカットする。
❻ ③の結び目から3cmの位置で一つ結びをし、**g**を通す。④と同じ要領で、全体図のとおりに**e**、**h**を通す。
❼ ⑥の最後に通した**h**から20cmの位置で一つ結びをし、⑤と同様に**e**と**h**を通し、端の処理をする。
❽ ⑤、⑦の2本のコードを交差させたところに巻きつけ結びをする（下の「巻きつけ結びの方法」参照）。

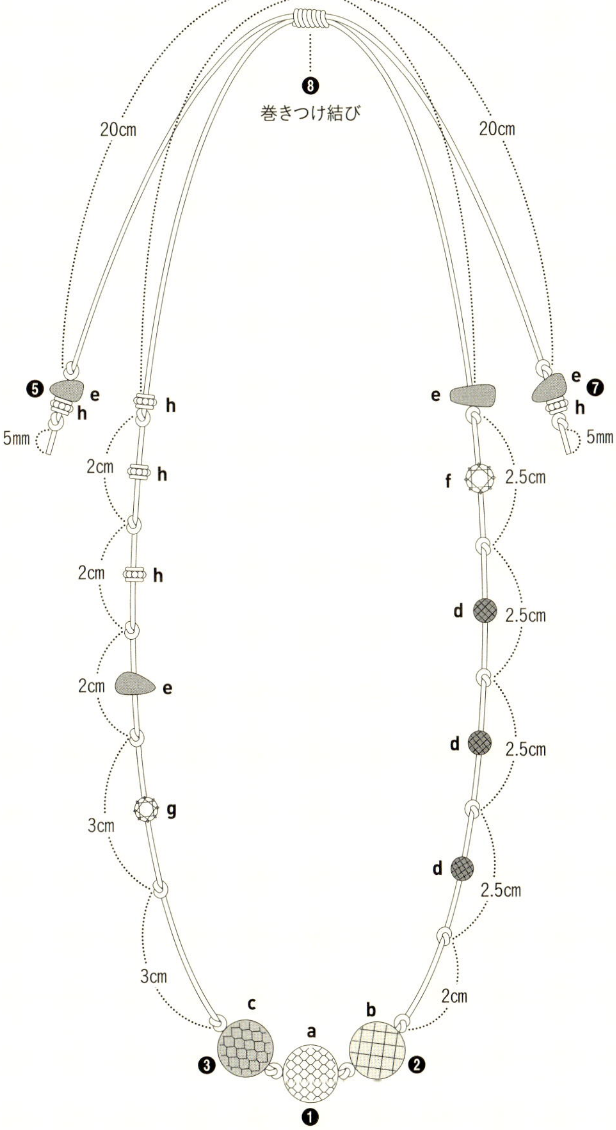

巻きつけ結びの方法

1 30cmのコードを端から6cmのところで折り、まとめたい2本のコードに重ねて置く。

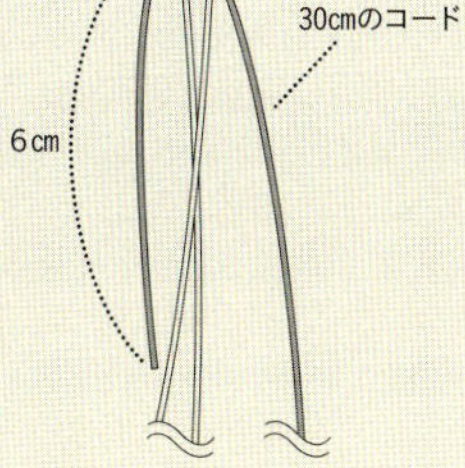

2 短いほうのコードの端から3cmの位置から、長いほうのコードを下から上にきつく巻きつけていく。7回ほど巻きつけたら、上部の輪の中に長いほうのコードの端を通す。

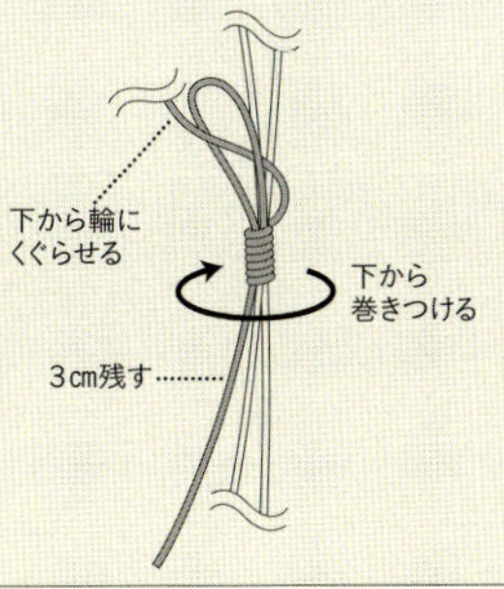

3 短いほうのコードを下からそっと引っ張り、上部の輪を引き締める。

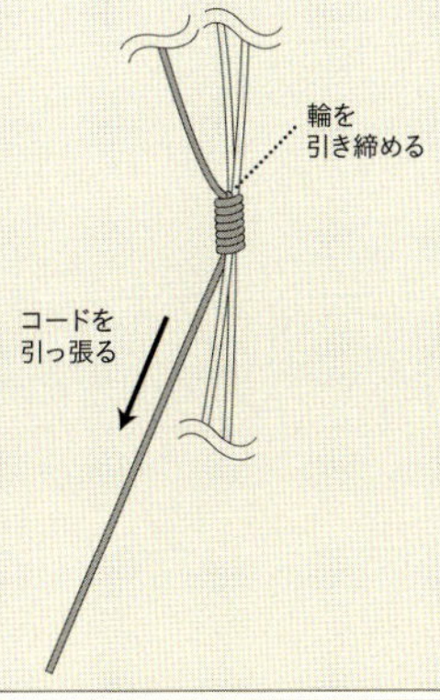

4 長いほうのコード、短いほうのコード、それぞれ巻きつけ部分との間に隙間ができないように、すぐ際で一つ結びをする。結び目に接着剤をつけ、固まったら余分なコードをニッパーでカットする。

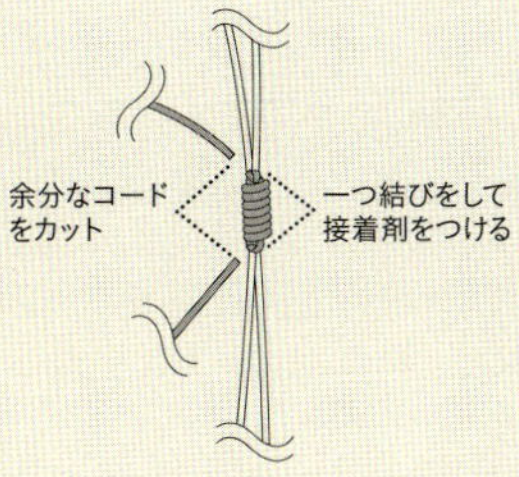

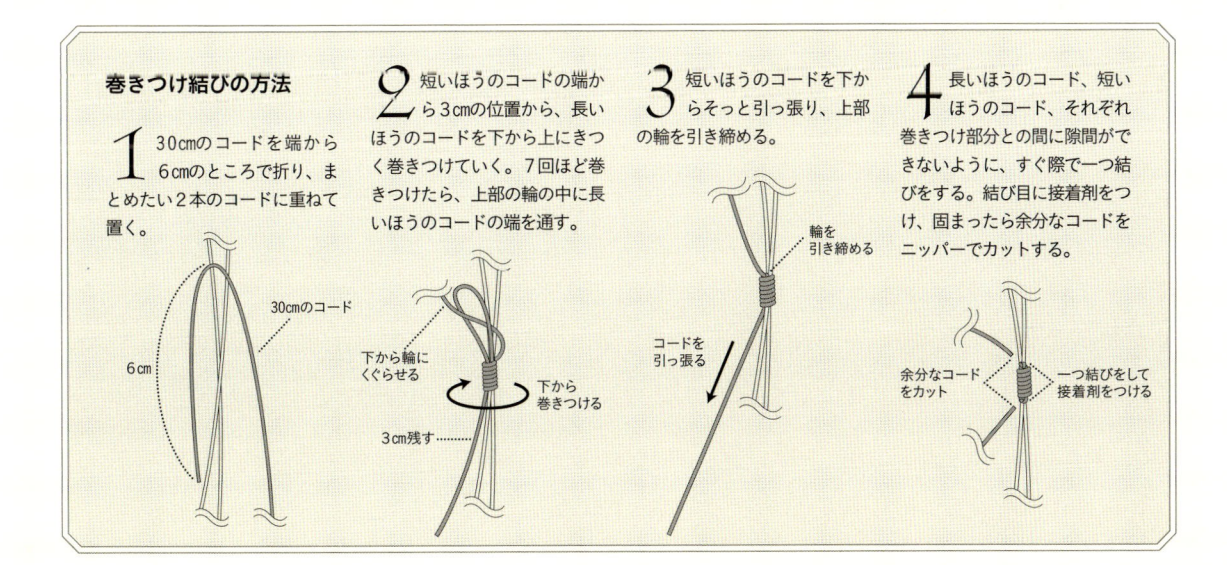

D1 アマゾナイト×アパタイトのコットンコードブレス

p.14掲載 〈**完成サイズ**〉最長約21cm

結ぶ

〈 材料 〉
a クリスタルクォーツ
（レクタングルカット15×11mm）…1個
b アマゾナイト
（オーバル10×8mm）…3個
c アマゾナイト
（ラフカットタンブル12×9mm）…1個
d アパタイト
（ラフカットタンブル8×6mm）…1個
e ターコイズ（タンブル6〜10mm）…4個
f アパタイト（ラウンドカット4mm）…10個
スペーサー（5×3mm・穴径2mm）…2個
コットンワックスコード（ピンク0.5mm）
…42cm

〈 使う道具 〉
定規

〈 つくり方 〉
❶ 全体図のとおりに、コードに**b**、**c**、**d**、**e**、**f**（8個）、スペーサーを通す。このとき、コードの中央に**c**がくるように配置する。
❷ コードの片方の端から**a**を通し、①の一番端のスペーサーから7cmの位置で、もう一方のコードに巻きつけるようにして一つ結びをする（図1参照）。
❸ ②の結び目に**a**を寄せておき、反対側も同様にしてスペーサーから7cmの位置で、もう一方のコードに巻きつけるようにして一つ結びをする。**a**が2つの結び目の間にくるように注意（図2参照）。
❹ コードの両端にそれぞれ**f**を通し、石の際で一つ結びをする。

図 1

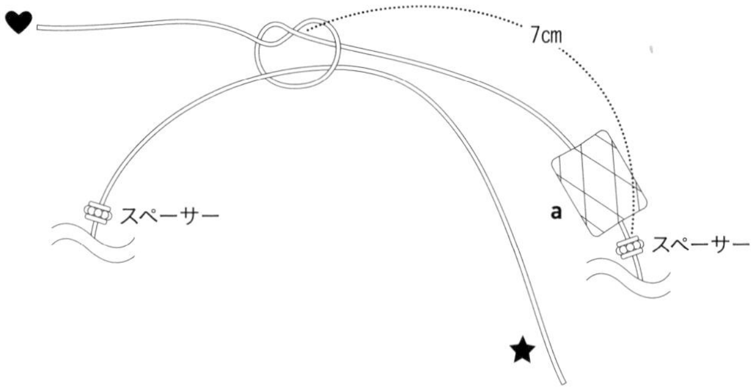

図 2

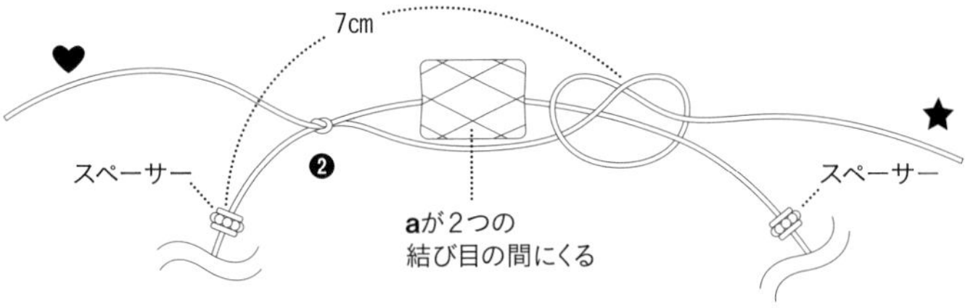

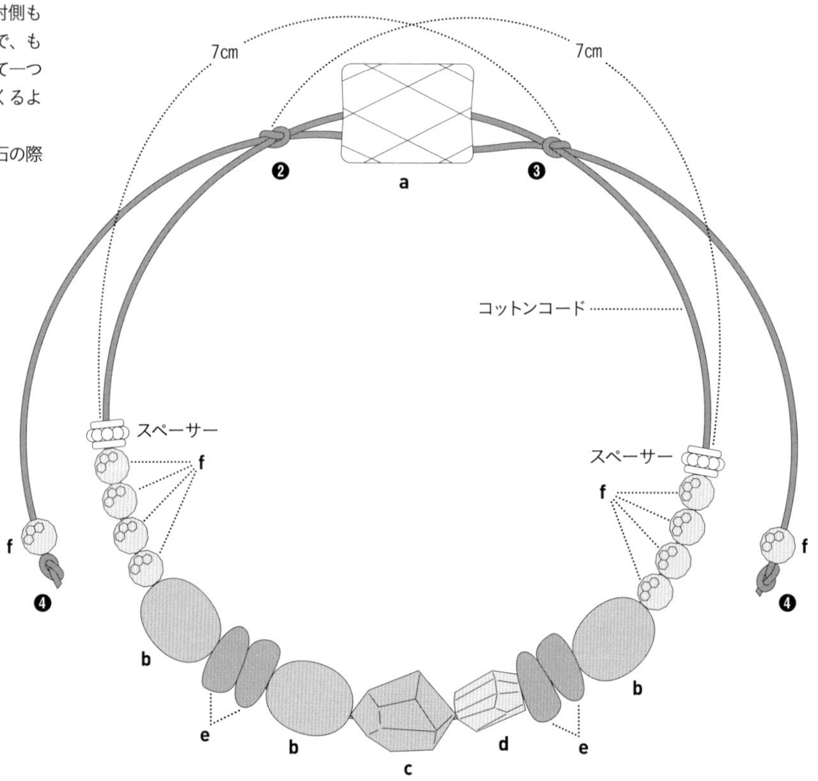

D2 クリスタル×グリーンアメジストのコットンコードネックレス

p.14掲載　〈**完成サイズ**〉長さ約64.5cm

結ぶ

〈**材料**〉

a クリスタルクォーツ
（ドロップカット18×13㎜）…1個
b グリーンアメジスト
（ボタンカット5×8.5㎜）…10個
c グレーアゲート
（ラウンドカット4㎜）…5個
d 模造石（チェリークォーツ
ラウンドカット4㎜）…5個
マンテル…1組
コットンワックスコード
（グレー0.5㎜）…130cm

〈**使う道具**〉

ニッパー、定規、接着剤

〈**つくり方**〉

❶ コードの中央に**a**を通し、石の両側の際で一つ結びをする。
❷ ①の結び目から左右に2cmの位置でそれぞれ**b**を固結びする。
❸ ②から左右に2cmの位置でそれぞれ一つ結びをし、片方に**c** 1個を通し、もう一方に**d** 1個を通す。
❹ 全体図のとおりに②、③（**c**、**d**は交互に通す）を繰り返す。
❺ 全体図の**A**の位置にマンテルのバー、**B**の位置にマンテルの輪をそれぞれ固結びし、結び目に接着剤をつける（p.57「接着剤のつけ方」参照）。乾いたら余分なコードをカットする。

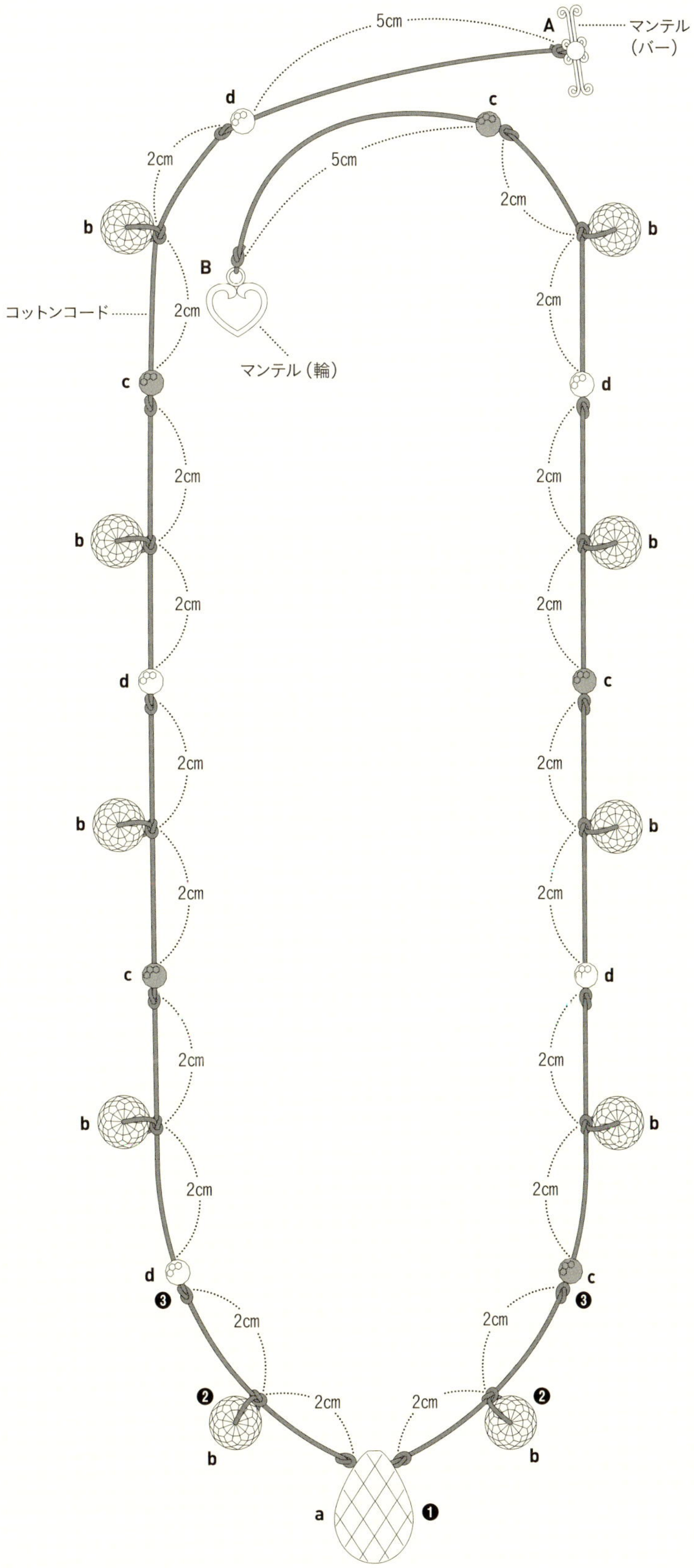

D3 スモーキークォーツのシルクコードネックレス

p.15掲載 〈完成サイズ〉長さ約72.5cm

結ぶ

〈材料〉
a スモーキークォーツ（ペアシェイプカット12×9mm）…4個
b ビアクォーツ（ペアシェイプカット9×6.5mm）…1個
c アップルターコイズ（染 ボタンカット4×3mm）…4個
d レインボーフローライト（タンブル4×8mm）…6個
e グレーアゲート（ラウンドカット4mm）…12個
f ルチルクォーツ（さざれ）…20個
スペーサー（5×3mm・穴径2mm）…1個
シルクビーズコード（ライラック0.65mm）…1m

〈使う道具〉
ニッパー、目打ち、定規、接着剤、セロハンテープ

〈つくり方〉
❶ コードの片方の端をセロハンテープで挟み、スペーサーを通してテープのそばに寄せる。
❷ ①のコードの端から10cmの位置で一つ結びをし、f5個を通して結び目に寄せ、石の際で隙間ができないように一つ結びをする。

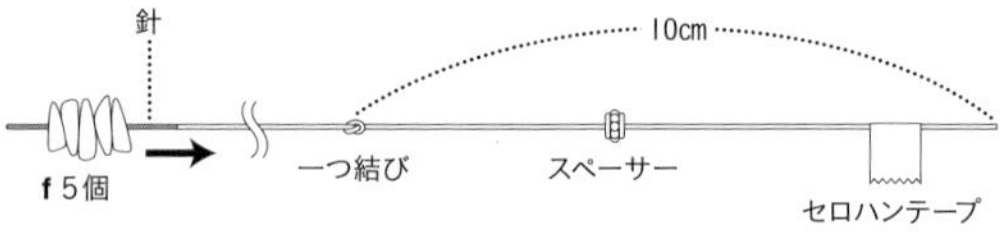

❸ 全体図のとおりに、3.5cm間隔で一つ結びをして石を通し、石の際で一つ結びをすることを繰り返す。
❹ 石をすべて通し終えたら、最初の結び目から5cmの位置と最後の結び目から5cmの位置で、コードの両端で固結びをし、結び目に接着剤をつける（p.57「接着剤のつけ方」参照）。

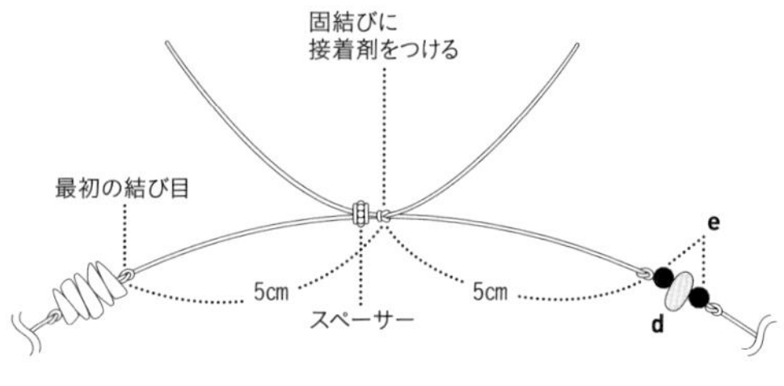

❺ ④の固結びをスペーサーの中に引き入れ、接着剤が乾いたら、スペーサーから出ている余分なコードをカットする。

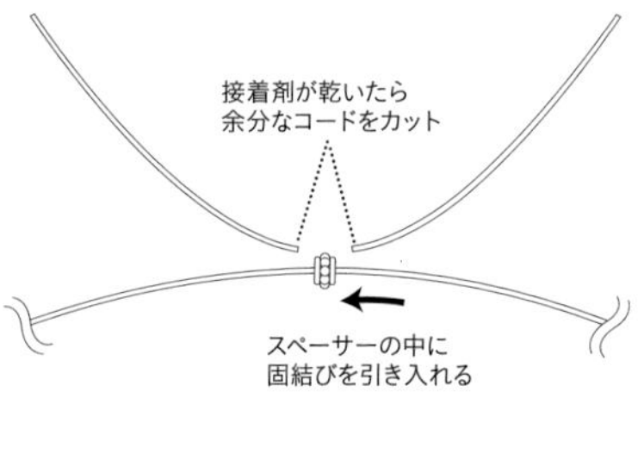

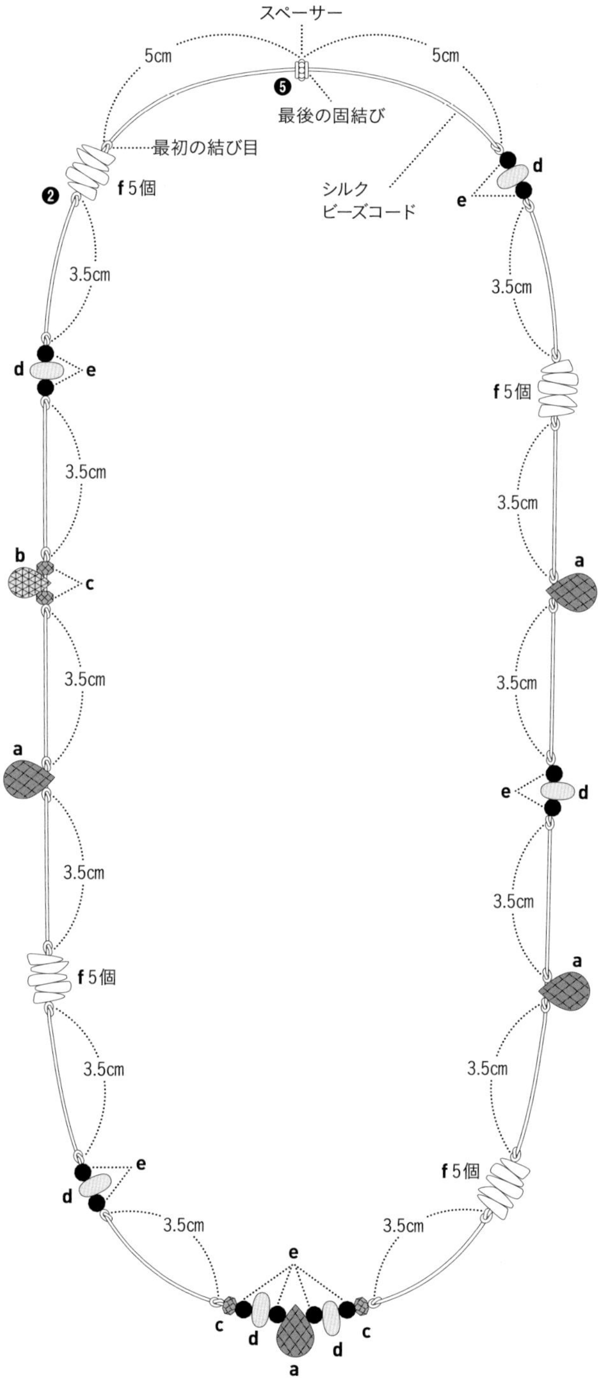

D4 ミックスカラーストーンのシルクコードネックレス

p.15掲載 〈**完成サイズ**〉最長約67.5cm

結ぶ

〈**材料**〉

a ルチルクォーツ(ペアシェイプカット 縦穴 12×8mm)…1個
b インカローズ(オーバル10×9mm)…1個
c フローライト、プレーナイト、アメジスト、シトリン(タンブル10×7.5mm)…各1個
d ローズクォーツ(ドロップカット9×6mm)…2個
e ブルートパーズ(ブリリアントカット9×7mm)…1個
f シトリン(オーバル7×5mm)…2個
g ミックスベリル(ボタン4×6mm)…5個
ビーズ(スジ入りナツメ4.5×3mm)…2個
ビーズ(ラウンド6mm)…1個
シルクビーズコード(ピンク0.8mm)…約80cm
シルクビーズコード(アンバー0.7mm)…約80cm

〈**使う道具**〉

ニッパー、目打ち、定規

〈**つくり方**〉

❶ コード2本の端をまとめて一つ結びをし、針先からビーズ(スジ入り)1個を通して結び目に寄せ、隙間ができないようにビーズのすぐ際で2本まとめて一つ結びをする。コード2本をまとめてビーズ(ラウンド)に通し、ビーズを結び目に寄せておく。
❷ ①の最後の結び目から13.5cmの位置で2本まとめて一つ結びをする。どちらか1本のコード(どちらでもよい)に**a**を通し、石の際で2本まとめて一つ結びをする。
❸ ②の最後の結び目から3cmの位置でどちらか1本のコードで一つ結びをし、そのコードに**g** 1個を通して石の際で一つ結びをする。同様にして、**g** 1個を通して一つ結びをすることをあと2回繰り返す。
❹ ③の最後の結び目から3cmの位置で2本まとめて一つ結びをする。どちらか1本のコードに**b**を通し、石の際で2本まとめて一つ結びをする。
❺ ④の最後の結び目から3cmの位置でどちらか1本のコードで一つ結びをし、そのコードに**g** 1個を通して石の際で一つ結びをする。**g**をもう1個通し、石の際で一つ結びをする。
❻ ⑤の最後の結び目から3cmの位置で2本まとめて一つ結びをする。どちらか1本のコードに**c** 4個を通し、石の際で2本まとめて一つ結びをする。
❼ ⑥の最後の結び目から3cmの位置でどちらか1本のコードで一つ結びをし、そのコードに**f** 1個を通して石の際で一つ結びをする。**f**をもう1個通し、石の際で一つ結びをする。
❽ ⑦の最後の結び目から3cmの位置で2本まとめて一つ結びをする。どちらか1本のコードに**d** 1個を通し、石の際で2本まとめて一つ結びをする。
❾ どちらか1本のコードに**e**を通し、⑧の最後の結び目から3cmの位置で固結びをする。
❿ ⑨から3cmの位置で2本まとめて一つ結びをする。どちらか1本のコードに**d** 1個を通し、石の際で2本まとめて一つ結びをする。
⓫ 2本まとめて①のビーズ(ラウンド)に通し、⑩の最後の結び目から15cmの位置で2本まとめて一つ結びをする。ただし、一つ結びを繰り返すうちに誤差が生じるので、⑥の**c** 4個を中央にして、左右のコードの長さが揃うように調整して一つ結びをする。
⓬ 2本まとめてビーズ(スジ入り)に通し、ビーズの際で2本まとめて一つ結びをし、余分なコードをカットする。
*結び目は石との間に隙間ができないように石のすぐ際でつくる。

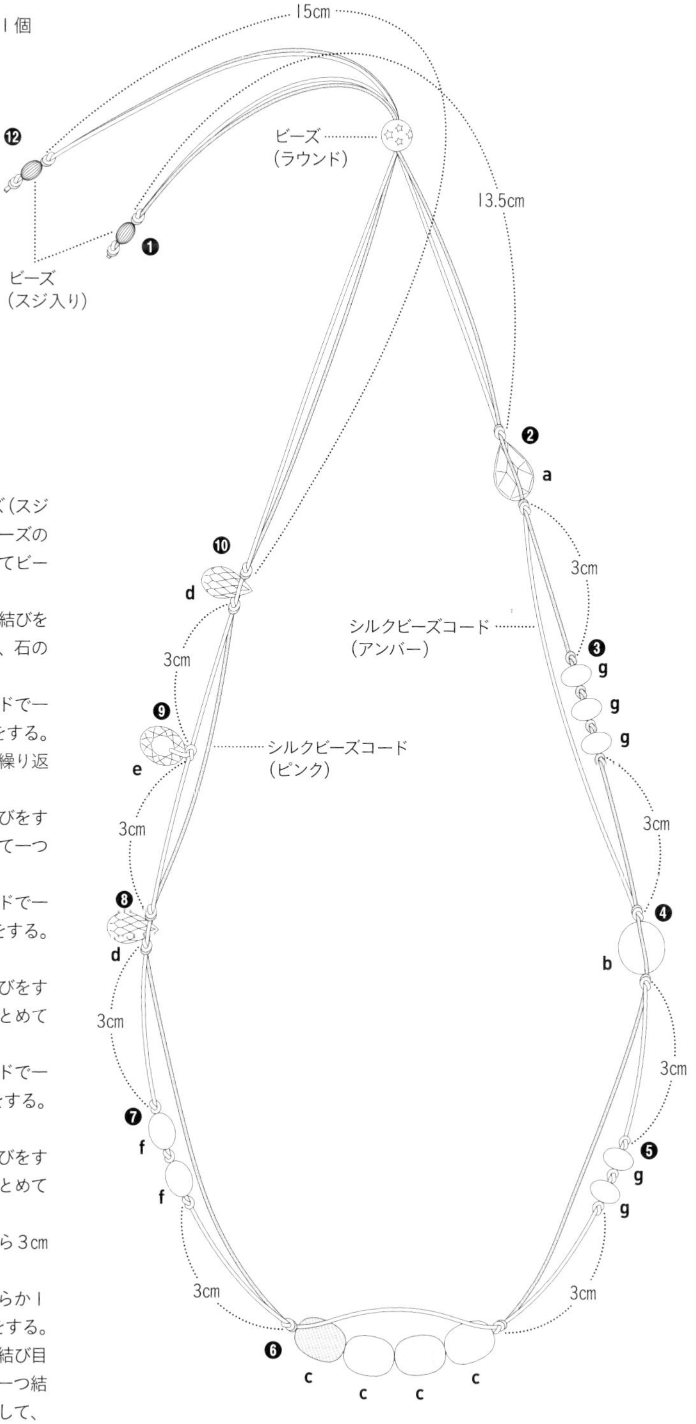

E1 グリーンアメジストのロングピアス

p.18掲載 〈**完成サイズ**〉長さ約4.5cm

つなぐ

〈 材料 〉
グリーンアメジスト(ボタンカット5×9㎜)…2個
マルチトルマリン(ボタンカット2×3.5㎜)…10個
ピアス金具(キュービックジルコニア付き)…1ペア
デザインピン(クローバー0.6×30㎜)…2本
9ピン(0.5×20㎜)…10本

〈 使う道具 〉
平ペンチ、丸ペンチ、ニッパー

〈 つくり方 〉
❶ グリーンアメジスト1個にデザインピンを通し、ピンの先端をカットして輪をつくる。
❷ マルチトルマリン5個にそれぞれ9ピンを通し、ピンの先端をカットして輪をつくる。
❸ ②でつくった輪を開いて5個のマルチトルマリンをつなぎ、1本にする。
❹ ③の片方の端の輪を開いて①につなぎ、もう一方の端の輪をピアスポストに通す。
❺ もう片方のピアスも同様につくる。

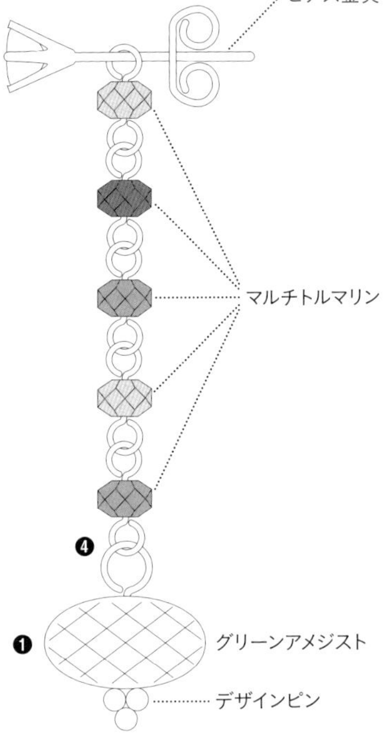

E2 淡水パール×シリマナイトのピアス

p.18掲載 〈**完成サイズ**〉長さ約3.7cm

つなぐ

〈 材料 〉
淡水パール(ライス10×7㎜)…2個
シリマナイト(オーバルカット6×4.5㎜)…4個
シリマナイト(ボタンカット2.5×4㎜)…4個
ピアス(フープ5カン付き ゴールド/貴和製作所)…1ペア
スペーサー(4㎜)…4個
デザインピン(丸0.5×20㎜)…10本

〈 使う道具 〉
平ペンチ、丸ペンチ、ニッパー

〈 つくり方 〉
❶ シリマナイト(オーバルカット)2個にそれぞれデザインピンを通し、ピンの先端をカットして輪をつくる。
❷ シリマナイト(ボタンカット)2個にそれぞれデザインピンを通し、ピンの先端をカットして輪をつくる。
❸ デザインピンにスペーサー、淡水パール、スペーサーを順に通し、ピンの先端をカットして輪をつくる(図1参照)。
❹ ①、②、③のそれぞれの輪を開き、全体図のとおりにピアスのカンにつなぐ。
❺ もう片方のピアスも同様につくる。

図1

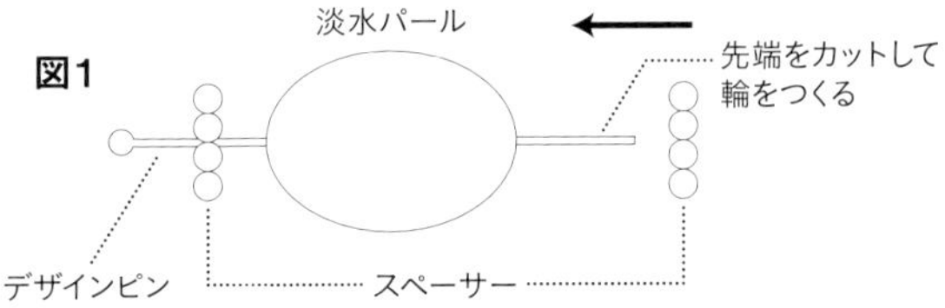

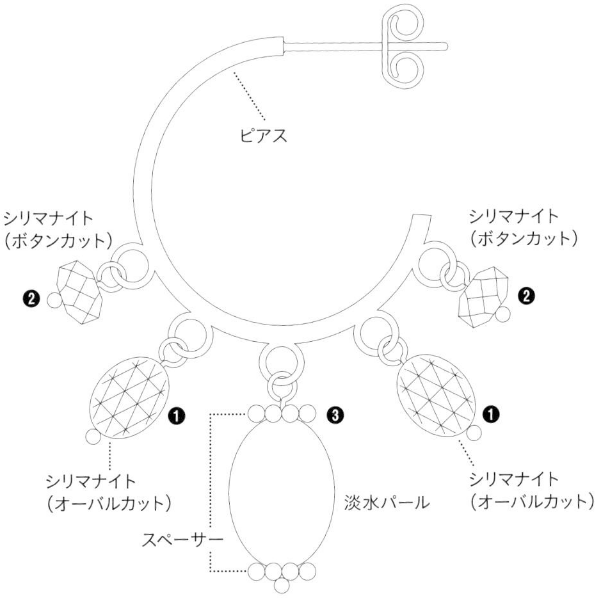

E3 アメジスト×アマゾナイトのイヤリング

p.18掲載 〈**完成サイズ**〉長さ約9cm

つなぐ

〈材料〉

アメジスト
（ラフカットタンブル10×8mm）…2個
アマゾナイト（さざれ）…4個
チャーム（クォーツ ボタンカット3個付き）…2個
フープイヤリング（11mm）…1ペア
メタルカットビーズ（3mm）…10個
チェーン（1.5mm幅）
…3.5cm×4本、4cm×4本、4.5cm×2本
9ピン（0.5×20mm）…4本
Tピン（0.5×20mm）…10本
丸カン（0.7×3.5mm）…4個

〈使う道具〉

平ペンチ、丸ペンチ、ニッパー、定規

〈つくり方〉

❶ メタルカットビーズ5個にそれぞれTピンを通し、ピンの先端をカットして輪をつくる。
❷ ①の輪を開き、3.5cmのチェーン2本、4cmのチェーン2本、4.5cmのチェーン1本のそれぞれの片方の端につなぐ。
❸ 丸カンを開き、②のチェーンを3.5cm、4cm、4.5cm、4cm、3.5cmの順に通して輪を閉じる。
❹ アメジスト1個に9ピンを通し、ピンの先端をカットして輪をつくる。このとき、平ペンチと丸ペンチを使って、2つの輪の向きを縦と横にずらしておく。こうすることで、ピアスを耳につけたときに正面が前を向く。
❺ アマゾナイト2個に9ピンを通し、ピンの先端を10mm残るようにカットして大きめの輪をつくる。
❻ ⑤の小さいほうの輪を開き、④とつなぐ。
❼ 丸カンを開き、⑥のアメジストの端の輪、③の丸カン、チャームを順に通して閉じる。
❽ チャームが正面を向くように、⑤のアマゾナイトの大きめの輪をイヤリングに通す。
❾ もう片方のイヤリングも同様につくる。

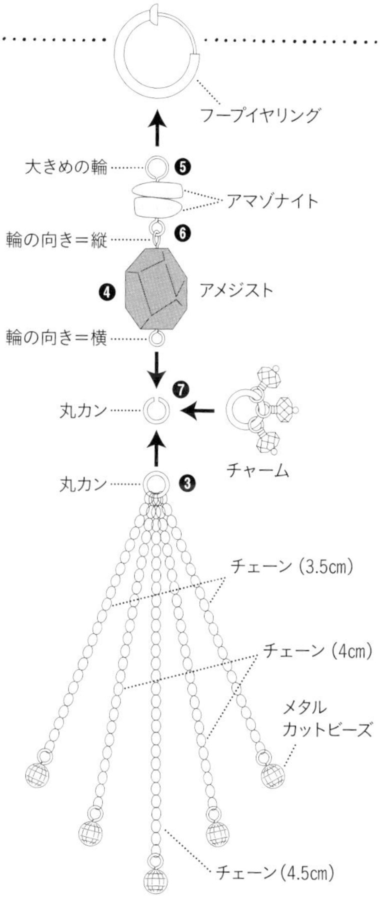

E4 マルチカラーブレスレット

p.19掲載 〈**完成サイズ**〉長さ約18cm（アジャスター部分約4.5cm）

つなぐ

〈材料〉

a ターコイズ（ラウンド2mm）…2個
b 模造石（チェリークォーツ ラウンドカット4mm）…1個
c シトリン（オーバル7×5mm）…1個
d アメトリン（オーバルカット13×10mm）…1個
e アマゾナイト（オーバル10×8mm）…1個
f ローズクォーツ（マロンカット13×13mm）…1個
g レインボームーンストーン
（タンブル13×11mm）…1個
h シトリン（オニオンカット9×9mm）…1個
i フローライト（ラフカット約10mm）…1個
j 淡水パール（ポテト7mm）…1個
k イエローカルサイト
（マロンカット9×9mm）…1個
l プレーナイト
（マロンカット6.5×6.5mm）…1個
m ルチルクォーツ
（ペアシェイプカット 縦穴 12×8mm）…1個
メタルビーズ（スターダスト8mm）…1個
ヒキワ（5mm）…1個
フィガロチェーン（3mm幅）…3cm
Cカン（0.6×3×4mm）…11個
デザインピン（丸0.5×20mm）…1本
9ピン（0.5×20mm）…12本

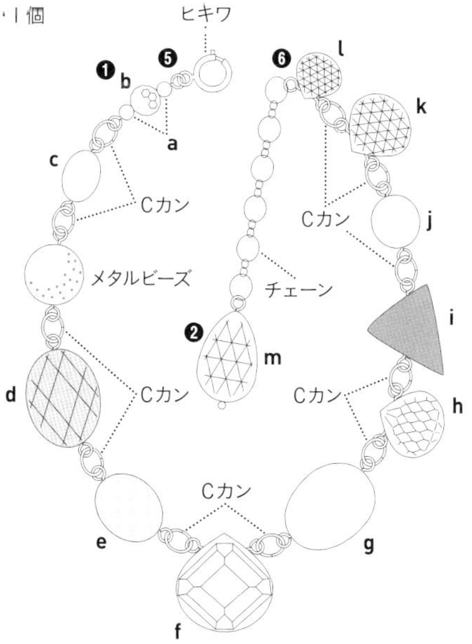

〈使う道具〉

平ペンチ、丸ペンチ、ニッパー

〈つくり方〉

❶ 9ピンに**a**、**b**、**a**を順に通し、ピンの先端をカットして輪をつくる。
❷ **m**にデザインピンを通し、ピンの先端をカットして輪をつくる。輪を開き、チェーンの片方の端につなぐ。
❸ 残りのすべての石とメタルビーズにそれぞれ9ピンを通し、ピンの先端をカットして輪をつくる。
❹ 全体図のとおりに、それぞれのピンの輪をCカンでつなぐ。
❺ ④の**a**の端の輪を開き、ヒキワにつなぐ。
❻ ④の**l**の端の輪を開き、②のチェーンの端につなぐ。

F1 ムーンストーン×淡水パールのリング

p.20掲載 〈 **完成サイズ** 〉9号

つなぐ

〈 材料 〉
ムーンストーン（ボタンカット8×5㎜）…1個
淡水パール（ポテト3×3.5㎜）…4個
リングアーム（オリジナルリングKOP-079⑤G
／貴和製作所）…1個
デザインピン（丸0.5×20㎜）…1本
Tピンまたは9ピン（0.5×40㎜）…1本

〈 使う道具 〉
平ペンチ、丸ペンチ、ニッパー、定規

〈 つくり方 〉
❶ ムーンストーンにデザインピンを通し、ピンの先端をカットして輪をつくる。
❷ Tピン（または9ピン）に淡水パール2個、①、淡水パール2個を順に通す。平ペンチでTピンの先端から11㎜のところを90°に曲げ、大きめの輪をつくる（図1参照）。
❸ ②で通した石を輪のほうへ隙間なく寄せ、ピンの反対側の端を11㎜残してカットし、大きめの輪をつくる（図2参照）。
❹ ③の両側の輪を開き、リングアームにつなぐ。

図1

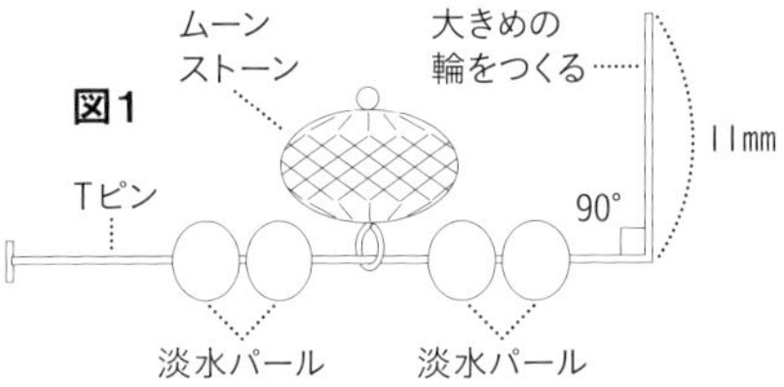

図2

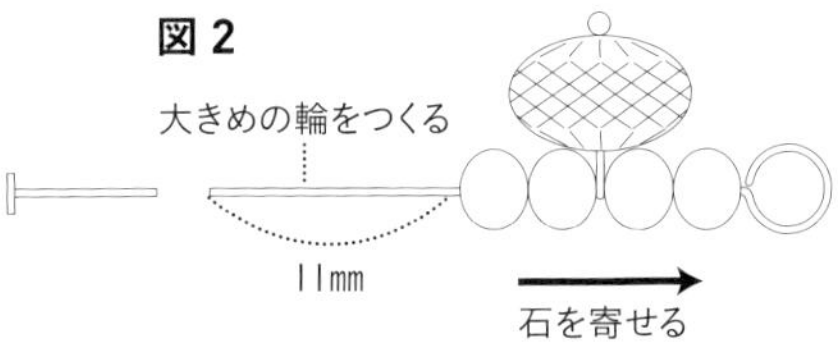

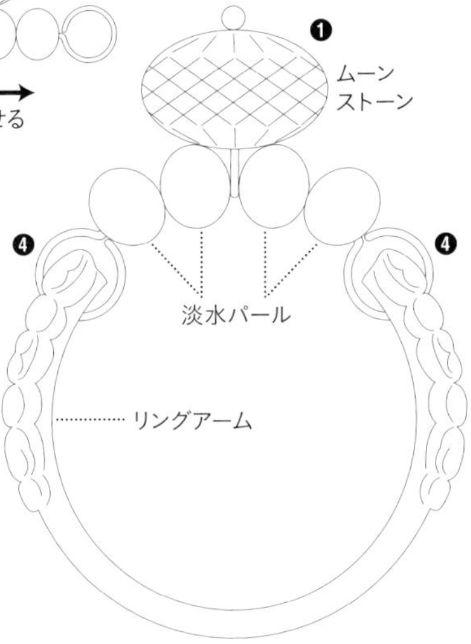

F2 ハーキマーダイヤモンドのチェーンリング

p.20掲載 〈 **完成サイズ** 〉約10号

つなぐ

〈 材料 〉
ハーキマーダイヤモンド（12×6㎜）…1個
メタルカットビーズ（3㎜）…2個
ハンドメイドチェーン（カルセドニー
ベリーピンク染 ボタンカット）…約10cm
9ピン（0.5×20㎜）…1本

〈 使う道具 〉
平ペンチ、丸ペンチ、ニッパー

〈 つくり方 〉
❶ 9ピンにメタルカットビーズ、ハーキマーダイヤモンド、メタルカットビーズを順に通し、ピンの先端をカットして輪をつくる。

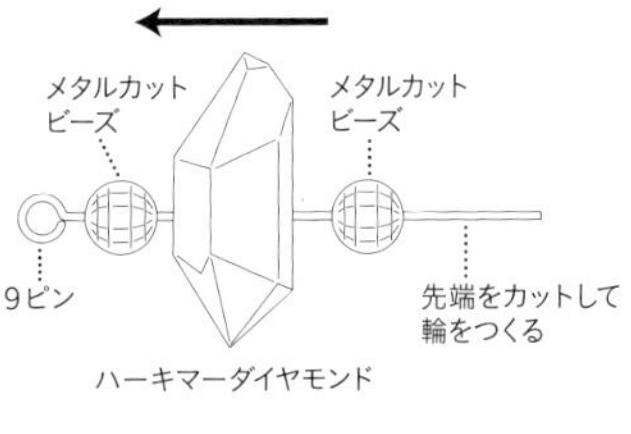

❷ ①の片方の輪を開き、ハンドメイドチェーンの片方の端の輪とつなぐ。
❸ つけたい指に②を手前から奥に向けて巻きつける。ハンドメイドチェーンがちょうど1周した部分の1つ先にあるめがね留めの輪をカットする。

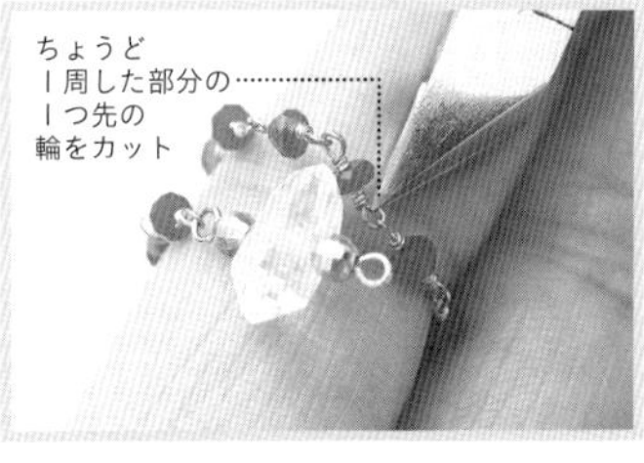

❹ ①のもう一方の輪を開いて③のハンドメイドチェーンの端の輪とつなぐ。

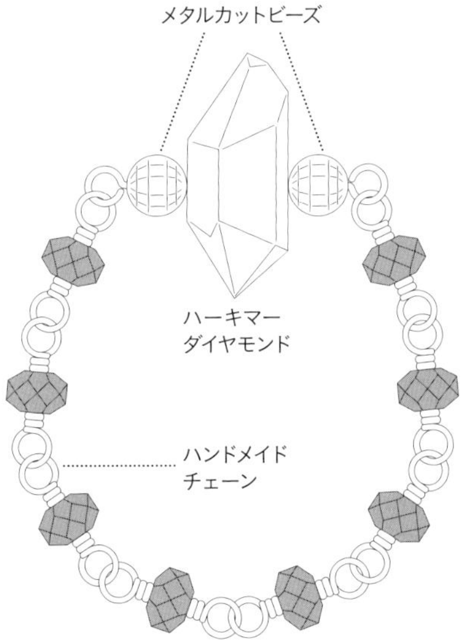

F3 ラブラドライト×スモーキークォーツのロングネックレス

p.21掲載 〈**完成サイズ**〉長さ約86cm

つなぐ

〈 **材料** 〉

a ラブラドライト
（ラウンドカット6mm）…11個
b スモーキークォーツ
（ボタンカット6×4mm）…5個
c ターコイズ（ラウンド2mm）…8個
d アメジスト（ラウンドカット2mm）…12個
e ペリドット（ラウンドカット2mm）…12個
f フレームビーズ
（ムーンストーン17×11mm）…2個
g 花パーツ（6mm）…4個
h チェーン（大）（1コマ13×6mm）
…8コマ（1コマずつ分割しておく）
カニカン（10mm）…1個
丸カン（1×5mm）…16個
Cカン（0.6×3×4mm）…14個
フィガロチェーン（3mm幅）…40cm
9ピン（0.5×20mm）…19本
Tピン（0.5×20mm）…1本

〈 **使う道具** 〉

平ペンチ、丸ペンチ、ニッパー

〈 **つくり方** 〉

❶ 9ピンに**c**、**a**、**c**を順に通し、ピンの先端をカットして輪をつくる。同じものを計4個つくる。
❷ 9ピンに**d**、**a**、**d**を順に通し、ピンの先端をカットして輪をつくる。同じものを計2個つくる。
❸ 9ピンに**e**、**a**、**e**を順に通し、ピンの先端をカットして輪をつくる。同じものを計4個つくる。
❹ 9ピンに**d**、**b**、**d**を順に通し、ピンの先端をカットして輪をつくる。同じものを計3個つくる。
❺ 9ピンに**e**、**b**、**e**を順に通し、ピンの先端をカットして輪をつくる。同じものを計2個つくる。
❻ Tピンに**d**、**a**、**d**を順に通し、ピンの先端をカットして輪をつくる。
❼ **g**に9ピンを通し、ピンの先端をカットして輪をつくる。同じものを計4個つくる。
❽ ⑥の輪を開き、フィガロチェーンの片方の端につなぐ。
❾ 全体図のとおりに①、②、③、④、⑤、⑦、⑧、**f**、**h**、カニカンを丸カンとCカンでつなぐ。

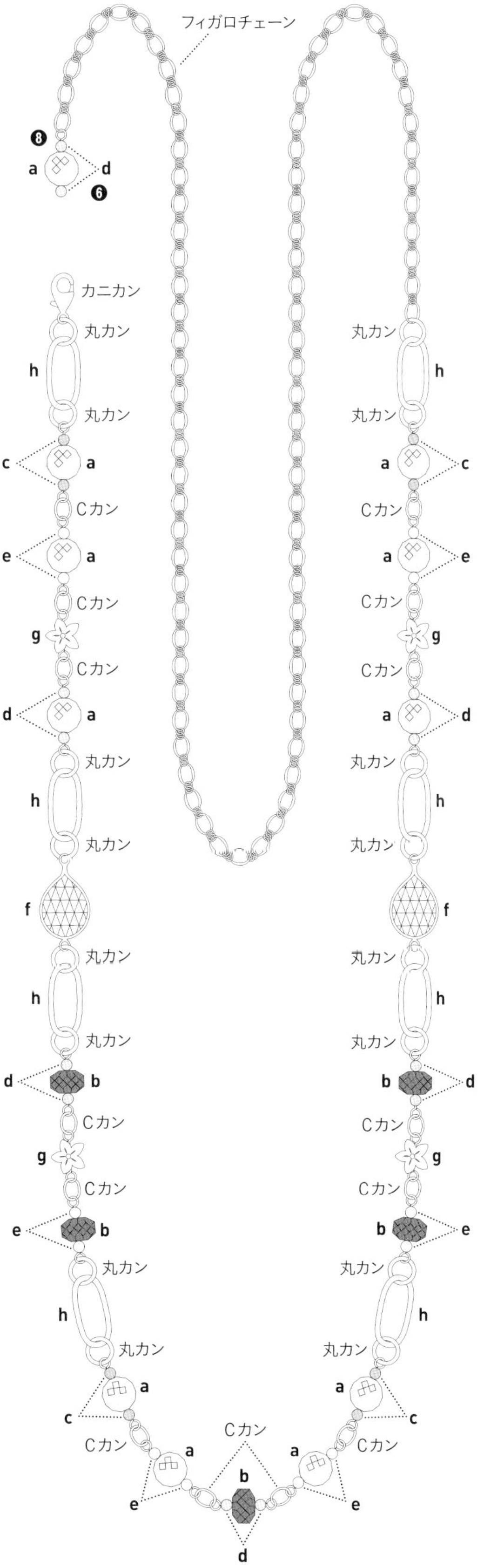

F4 シトリン×クリソプレーズのネックレス

p.21掲載 〈**完成サイズ**〉長さ約42.5cm

つなぐ

〈 **材料** 〉

シトリン(タンブル16×12mm)…1個
ハンドメイドチェーン(クリソプレーズ ボタンカット3mm)…40cm
鍵チャーム(カン付き EU-02091-G/PARTS CLUB)…1個
リボンチャーム(10×10mm)…1個
カニカン(10mm)…1個
Tピン(0.6×25mm)…1個
丸カン(大)(1×5mm)…1個
丸カン(小)(0.7×3.5mm)…1個

〈 **使う道具** 〉

平ペンチ、丸ペンチ、ニッパー

〈 **つくり方** 〉

❶ ハンドメイドチェーンの片方の端に丸カン(小)でカニカンを付ける。
❷ ①のもう一方の端に丸カン(大)でリボンチャームを付ける。
❸ シトリンにTピンを通し、ピンの先端をカットして輪をつくる。
❹ 鍵チャームの丸カンを開いて③の輪を通し、②のチェーンの中央にあるめがね留めの輪に付ける。

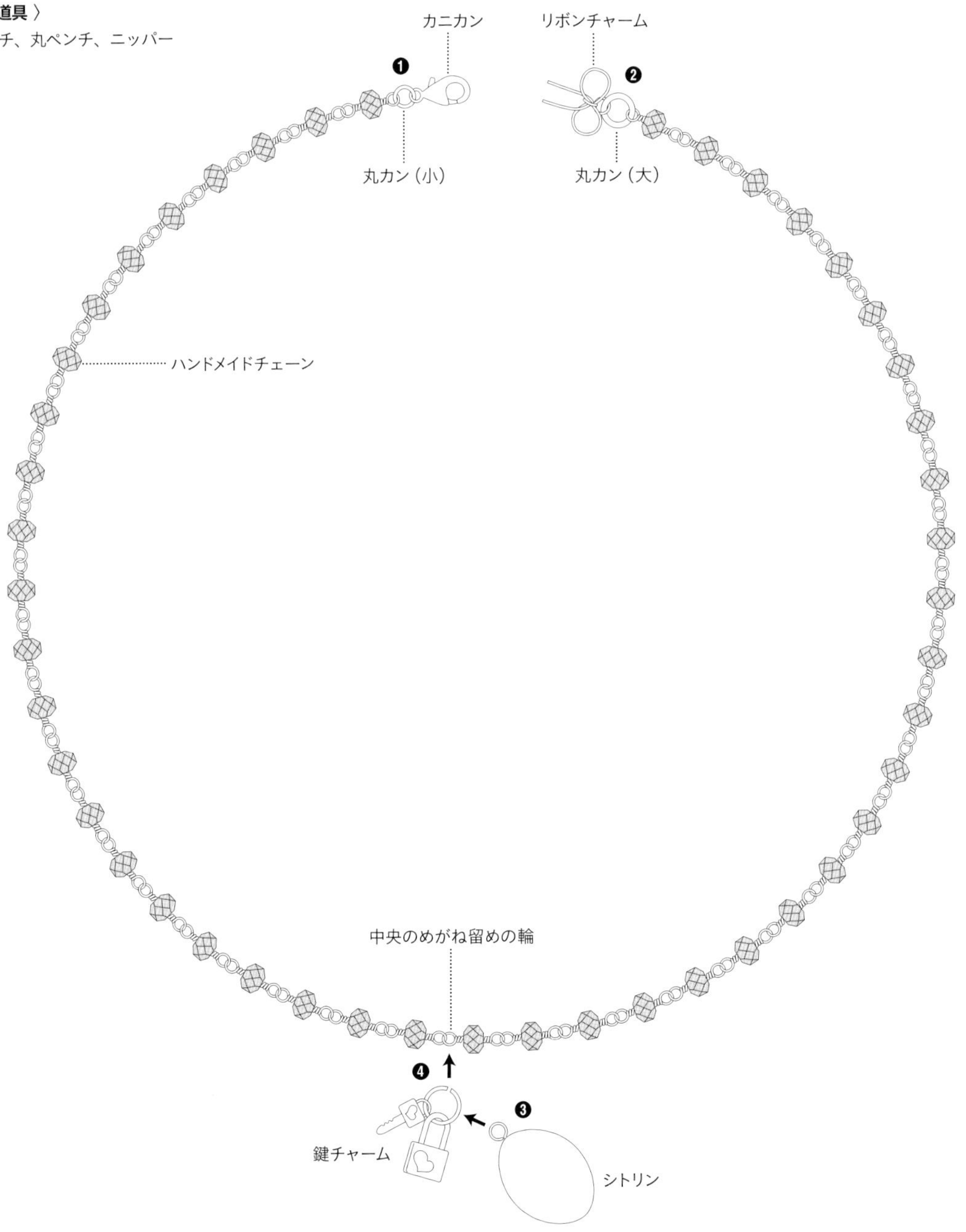

G1 シェル×カラーストーンのブレス

p.24掲載 〈 **完成サイズ** 〉長さ約19cm

チャーム留め

〈 材料 〉

a シェル（ペアシェイプカット16×11mm）…1個
b アパタイト（ドロップカット6×3.5mm）…1個
c ペリドット（ドロップカット6×3.5mm）…3個
d ブルームーンストーン（ドロップカット6×3.5mm）…3個
e ピンクトパーズ（ドロップカット6×3mm）…3個
f イエローサファイア（マロンカット4×4mm）…3個
既製品ブレスレット
（18.5cm チェーン3mm幅 カニカン付き）…1本
丸カン（0.7×3.5mm）…4個
ワイヤー（0.3mm）…6cm×14本

〈 使う道具 〉

平ペンチ、丸ペンチ、ニッパー、定規

〈 つくり方 〉

❶ ブレスレットの中央のコマに**a**をワイヤーでチャーム留めしながら直付けする。チャーム留めの輪の向きを縦にする（右の「チャーム留めの輪を縦にする方法」参照）。
❷ ブレスレットのカニカンが付いていないほうの端（全体図の**A**）に**b**をワイヤーでチャーム留めしながら直付けする。
❸ **c**、**d**、**e**、**f**をすべてワイヤーでチャーム留めする。
❹ ③を石の種類ごとに3個ずつを丸カンでひとつにまとめ、全体図のとおりにブレスレットに付ける。

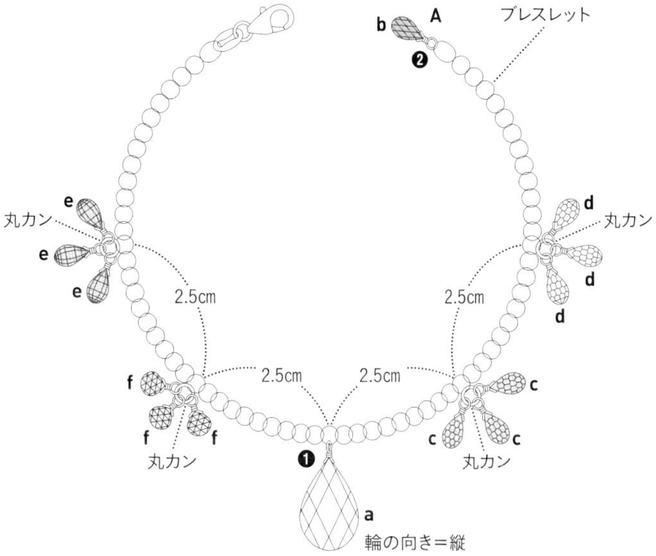

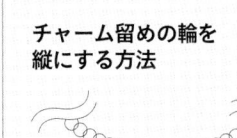

チャーム留めの輪を縦にする方法

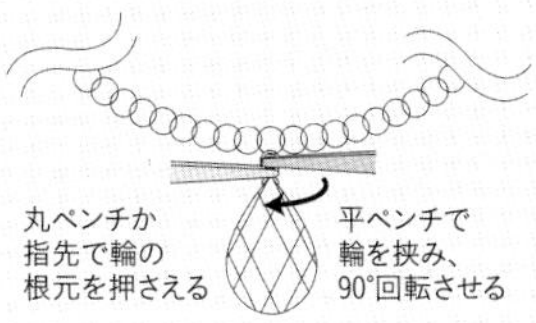

チャーム留めの輪を横から平ペンチで挟み、輪の根元を丸ペンチまたは指先で押さえておく。輪を挟んだ平ペンチをゆっくりと水平方向に90°回転させる。力を入れて無理に動かすとワイヤーがねじ切れてしまうので注意。

G2 ラブラドライト×ルチルクォーツのリング

p.24掲載 〈 **完成サイズ** 〉11号

チャーム留め

〈 材料 〉

a ラブラドライト
（ペアシェイプカット13×9mm）…1個
b ルチルクォーツ
（ペアシェイプカット10×7mm）…1個
c アマゾナイト
（マロンカット7×7mm）…1個
d クリスタルクォーツ
（ドロップカット9×5mm）…1個
e アメジスト
（ドロップカット8×5mm）…1個
リング台（カン付き3 11号ゴールド
／貴和製作所）…1個
丸カン（0.7×3.5mm）…3個
ワイヤー（0.3mm）…6cm×5本

〈 使う道具 〉

平ペンチ、丸ペンチ、ニッパー

〈 つくり方 〉

❶ **a**、**b**、**c**をそれぞれワイヤーでチャーム留めする。**b**、**c**は輪の向きを縦にする（上の「チャーム留めの輪を縦にする方法」参照）。
❷ **d**、**e**をそれぞれワイヤーでチャーム留めしながらリング台のカンに直付けする。
❸ ②の2個の石の間に丸カンを1個付ける。
❹ 別の丸カンを開いて**b**と**c**の輪を通し、③の丸カンに付ける。
❺ 残りの丸カンを開いて**a**の輪を通し、④の丸カンの2個の石の間に付ける。

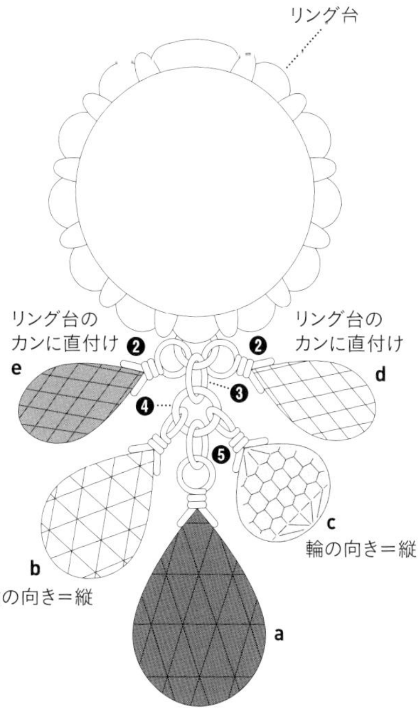

G3 スモーキークォーツ×ピンクトパーズのピアス

p.24掲載 〈 **完成サイズ** 〉長さ約6cm

チャーム留め

〈 材料 〉

スモーキークォーツ
（オーバルカット12×10mm）…2個
ピンクトパーズ
（ペアシェイプカット8×5mm）…6個
ピアス金具…1ペア
丸カン（0.7×3.5mm）…2個
ワイヤー（0.3mm）…6cm×8本
チェーン（1mm幅）
…1.5cm×4本、2.3cm×2本

〈 使う道具 〉

平ペンチ、丸ペンチ、ニッパー

〈 つくり方 〉

❶ 1.5cmのチェーン2本、2.3cmのチェーン1本の片方の端にそれぞれピンクトパーズをワイヤーでチャーム留めしながら直付けする。
❷ 丸カンを開き、①の1.5cmのチェーン、2.3cmのチェーン、1.5cmのチェーンを順に通して閉じる。
❸ スモーキークォーツ1個をチャーム留めする。
❹ ピアス金具に、②、③を順に通す。
❺ もう片方のピアスも同様につくる。

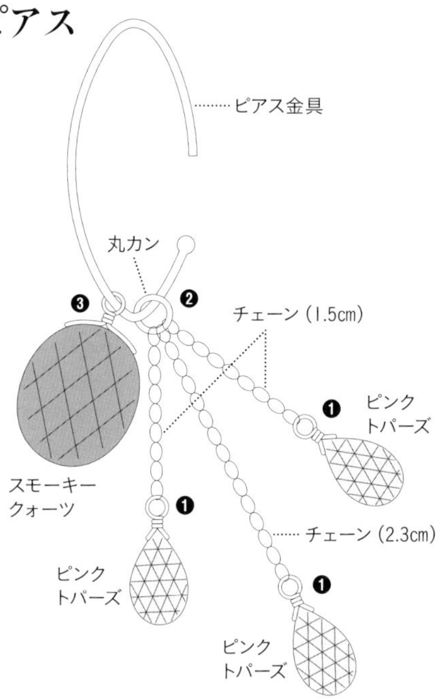

G4 ルビーのネックレス

p.25掲載 〈 **完成サイズ** 〉長さ約39cm（アジャスター部分約4.3cm）

チャーム留め

〈 材料 〉

a ルビー（ペアシェイプカット12×8mm）…1個
b レモンクォーツ（ペアシェイプカット7×5mm）…1個
c スモーキークォーツ（ドロップカット5×3.5mm）…2個
d ペリドット（ドロップカット5×3.5mm）…1個
ヒキワ（5.5mm）…1個
丸カン（0.7×3.5mm）…2個
Cカン（0.6×3×4mm）…2個
ワイヤー（0.3mm）…6cm×5本
チェーン（1mm幅）…9cm×1本、26.5cm×1本
チェーン（3mm幅）…3cm
チェーン（4.5mm幅）…4コマ

〈 使う道具 〉

平ペンチ、丸ペンチ、ニッパー、定規

〈 つくり方 〉

❶ 26.5cmのチェーンの片方の端から19cmの位置にあるコマに**a**をワイヤーでチャーム留めしながら直付けする。
❷ ①の**a**から端までが7.5cmあるほうのチェーンの端にCカンでチェーン（4.5mm幅）を付ける。
❸ ②のチェーン（4.5mm幅）のもう一方の端にCカンで9cmのチェーンを付ける。
❹ 全体図の**A**の位置に**c**をワイヤーでチャーム留めしながら直付けする。
❺ 全体図の**B**の位置に**b**をワイヤーでチャーム留めしながら直付けする。
❻ 3cmのチェーンの片方の端に**c**、**d**をそれぞれワイヤーでチャーム留めしながら直付けする。
❼ ③の9cmのチェーンの端に丸カンで⑥のチェーンを付ける。
❽ ⑦のもう一方の端に丸カンでヒキワを付ける。

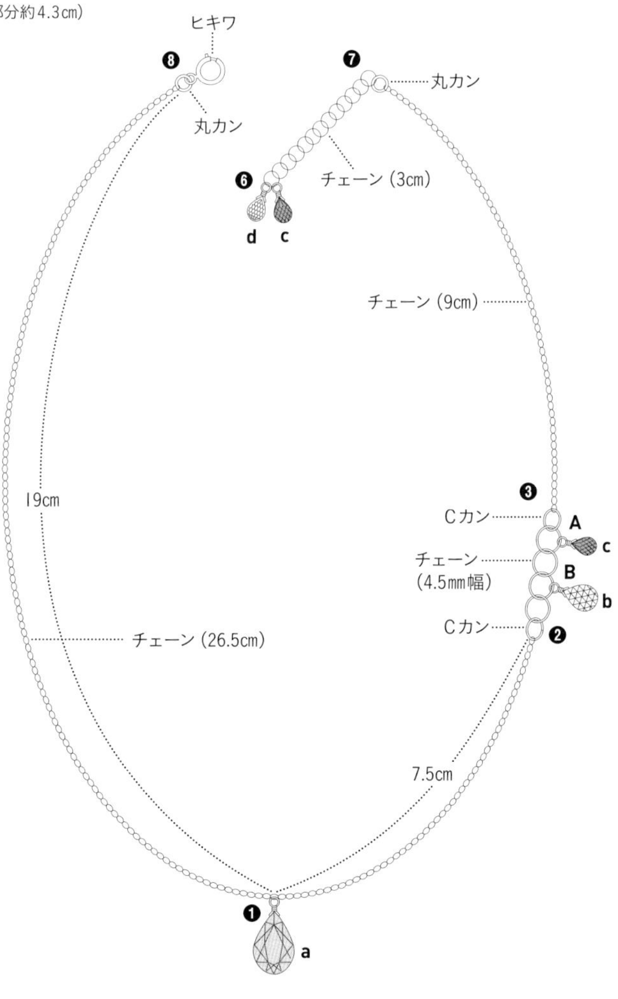

G5 カルセドニー×クリソプレーズのネックレス

p.25掲載 〈**完成サイズ**〉長さ約36.5cm（アジャスター部分約6cm　ヘッド部分約4.2cm）

チャーム留め

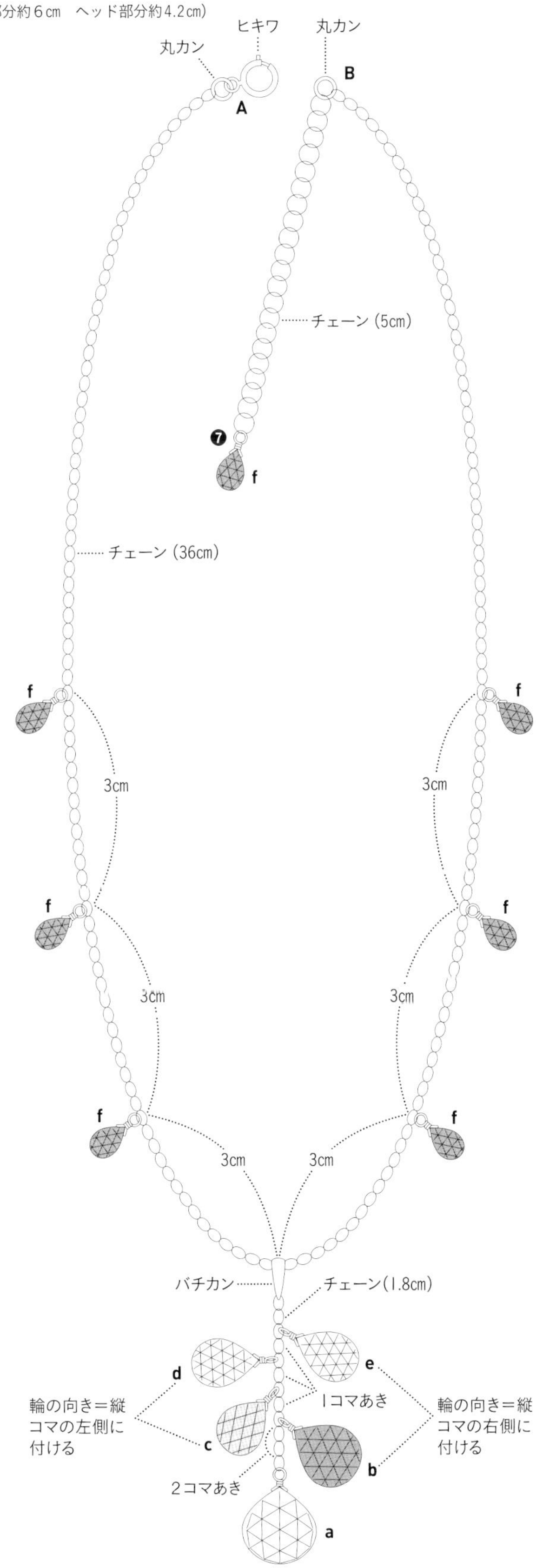

〈 **材料** 〉

a シーブルーカルセドニー（マロンカット11×11mm）…1個
b クリソプレーズ（ペアシェイプカット11×9mm）…1個
c グレーアゲート（ペアシェイプカット9×7mm）…1個
d ルチルクォーツ（ペアシェイプカット10×7mm）…1個
e シャンパンクォーツ（ペアシェイプカット10×7mm）…1個
f クリソプレーズ（ペアシェイプカット6×4mm）…7個
ヒキワ（5mm）…1個
バチカン…1個
丸カン（0.7×3.5mm）…2個
ワイヤー（0.3mm）…6cm×12本
チェーン（1.5mm幅）…1.8cm×1本、36cm×1本
チェーン（3mm幅）…5cm

〈 **使う道具** 〉

平ペンチ、丸ペンチ、ニッパー、定規

〈 **つくり方** 〉

❶ 1.8cmのチェーンの片方の端に**a**をワイヤーでチャーム留めしながら直付けする。
❷ ①から2コマあけた位置に**b**をワイヤーでチャーム留めしながら直付けする。輪の向きは縦にする（p.71「チャーム留めの輪を縦にする方法」参照）。
❸ ②から1コマあけた位置に**c**をワイヤーでチャーム留めしながら直付けする。輪の向きは縦にする。
❹ ③から1コマあけた位置に**d**をワイヤーでチャーム留めしながら直付けする。輪の向きは縦にする。
❺ ④から1コマあけた位置に**e**をワイヤーでチャーム留めしながら直付けする。輪の向きは縦にする。
❻ 全体図のとおりに、36cmのチェーンの中央から3cm間隔で、**f**を左右それぞれ3個ずつワイヤーでチャーム留めしながら直付けする。
❼ 5cmのチェーンの片方の端に**f** 1個をワイヤーでチャーム留めしながら直付けする。
❽ バチカンの合わせ目の下部を平ペンチで内側に押して隙間をつくり、下部に⑤のチェーンの端を通し、上部を⑥の中央部分に引っ掛ける。バチカンの下部を平ペンチで挟んで元に戻し、隙間を閉じる。このとき、バチカンの合わせ目のないほうが正面を向くように付ける（図1参照）。
❾ 全体図の**A**の位置に丸カンでヒキワを付け、**B**の位置に丸カンで⑦を付ける。

図1

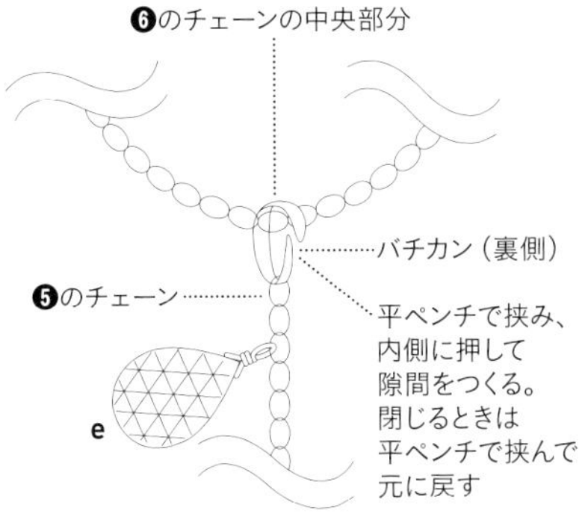

H1 アメジスト×ピンクサファイアのブレスレット

p.28掲載 〈完成サイズ〉約17.5cm

めがね留め

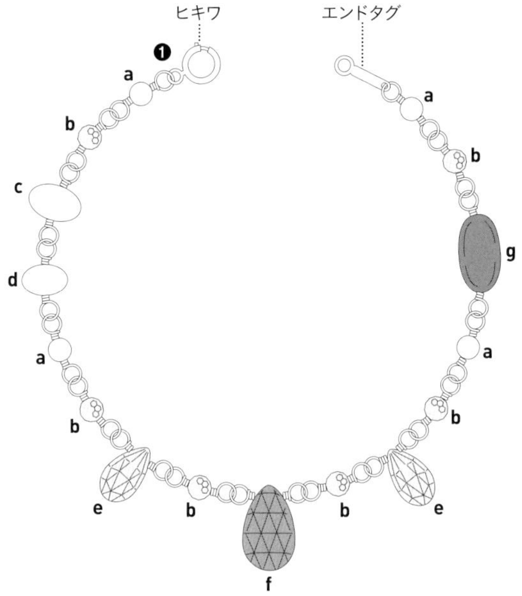

〈 **材料** 〉

a ペリドット(ラウンド3㎜)…4個
b アヴェンチュリン(ラウンドカット3㎜)…6個
c グリーンオパール(ボタン4.5×7㎜)…1個
d アクアマリン(ボタン4×6㎜)…1個
e ピンクサファイア(ペアシェイプカット8.5×5㎜)…2個
f アメジスト(ペアシェイプカット11×7㎜)…1個
g ラブラドライト(タンブル10×5.5㎜)…1個
ヒキワ(5㎜)…1個
エンドタグ(8㎜)…1個
ワイヤー(0.3㎜)…6cm×15本、7cm×1本

〈 **使う道具** 〉

平ペンチ、丸ペンチ、ニッパー

〈 **つくり方** 〉

❶ ヒキワに**a** 1個を6cmのワイヤーで両側めがね留めしながら直付けする。
❷ 全体図のとおりにすべての石を両側めがね留めで直付けして1本にする(**g**のみ7cmのワイヤーを使用)。最後の**a**は片方の輪を**b**の輪に直付けし、もう一方の輪をエンドタグに直付けする。

H2 ムーンストーン×羽根チャームのネックレス

p.29掲載 〈完成サイズ〉約39cm(アジャスター部分約7cm)

めがね留め

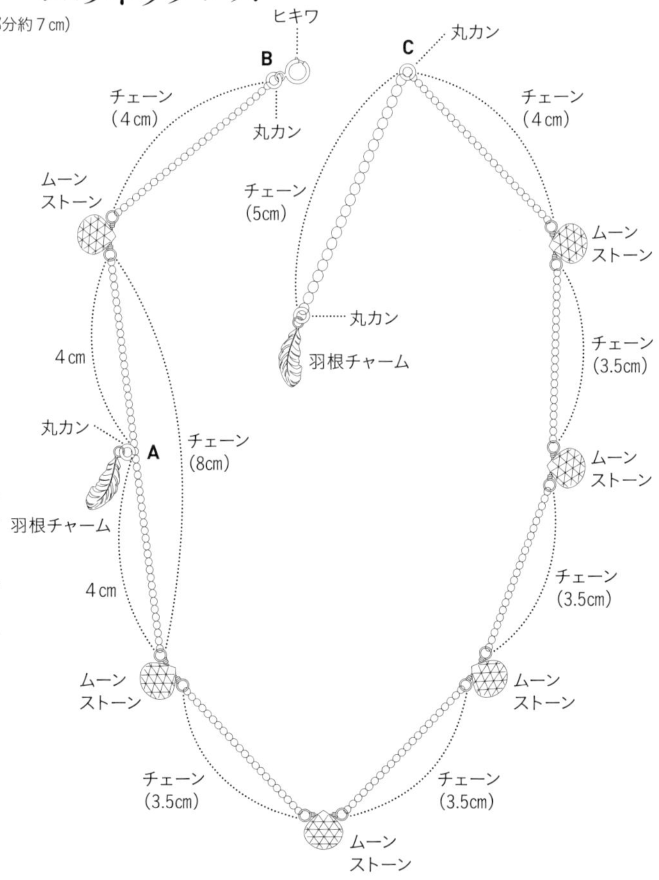

〈 **材料** 〉

ムーンストーン(マロンカット9×9㎜)…6個
羽根チャーム(14×5㎜)…2個
チェーン(1.5㎜幅)…3.5cm×4本、4cm×2本、8cm×1本
チェーン(2㎜幅)…5cm
ヒキワ(5㎜)…1個
丸カン(0.7×3.5㎜)…4個
ワイヤー(0.3㎜)…6cm×6本

〈 **使う道具** 〉

平ペンチ、丸ペンチ、ニッパー、定規

〈 **つくり方** 〉

❶ ムーンストーン6個を全体図のとおりに3.5cm、4cm、8cmのチェーンにワイヤーで両側めがね留めしながら直付けして1本にする。
❷ ①の8cmのチェーンの中央(全体図の**A**の位置)に丸カンで羽根チャーム1個を付ける。
❸ 5cmのチェーンの片方の端に丸カンで羽根チャーム1個を付ける。
❹ 全体図の**B**の位置に丸カンでヒキワを付ける。
❺ 全体図の**C**の位置に丸カンで③のチェーンを付ける。

I1 クリスタル×シトリンのピアス

p.30掲載 〈**完成サイズ**〉長さ約5.5cm

めがね留め

〈 材料 〉

a クリスタルクォーツ（レクタングルカット16×12mm）…2個
b シトリン（ラウンドカット6mm）…6個
c アパタイト（ラウンド4mm）…6個
d アメジスト（ラウンドカット3mm）…6個
e ラブラドライト（ボタンカット2×3mm）…4個
ピアス金具…1ペア
デザインピン（丸0.4×38mm）…14本
チェーン（1.5mm幅）…5mm（3コマ分）×2本
丸カン（0.7×3.5mm）…4個

〈 使う道具 〉

平ペンチ、丸ペンチ、ニッパー

〈 つくり方 〉

❶ デザインピンに**e**、**a**、**e**を順に通し、めがね留めしながらチェーンに直付けする。
❷ デザインピンに**d**と**b**を通し、めがね留めする。同じものを計3個つくる。
❸ デザインピンに**c**を通し、めがね留めする。同じものを計3個つくる。
❹ 丸カンを開き、①のチェーンの端、②3個を通して閉じる。
❺ 別の丸カンを開き、③2個、④の丸カンの**A**の位置、③1個、ピアス金具を順に通して閉じる。
❻ もう片方のピアスも同様につくる。

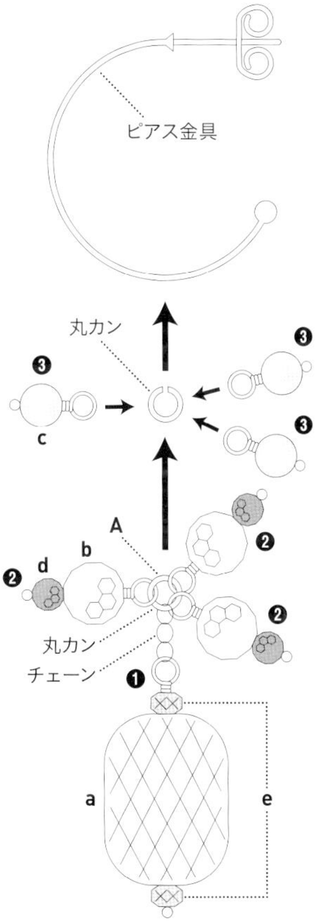

I2 アメジスト×淡水パールのピアス

p.30掲載 〈**完成サイズ**〉長さ約5.5cm

めがね留め

〈 材料 〉

アメジスト（オーバル8×6mm）…2個
淡水パール（ポテト3×4mm）…20個
アメジスト（ボタンカット3×3.5mm）…2個
メタルレースパーツ（17.5×15.5×2mm PT-302156-SG／PARTS CLUB）…2個
ピアスフック…1ペア
デザインピン（丸0.4×38mm）…20本
ワイヤー（0.3mm）…6cm×4本

〈 使う道具 〉

平ペンチ、丸ペンチ、ニッパー

〈 つくり方 〉

❶ 淡水パール9個にデザインピンを通して大きめの輪をつくり、メタルレースパーツの下側の端9ヵ所にめがね留めで直付けする。
❷ アメジスト（オーバル）にデザインピンを通し、めがね留めする。
❸ アメジスト（ボタンカット）をワイヤーで両側めがね留めする。
❹ ワイヤーの片方の端にめがね留めの輪をつくり、③の片方の輪に直付けする。
❺ ④のワイヤーのもう一方の端から淡水パールを通し、めがね留めの輪をつくり、①のレースパーツの上部と②を輪に通して閉じる。
❻ ③のアメジストの輪を②が正面を向くようにピアスフックに通し、平ペンチでフックの隙間をそっと閉じる。
❼ もう片方のピアスも同様につくる。

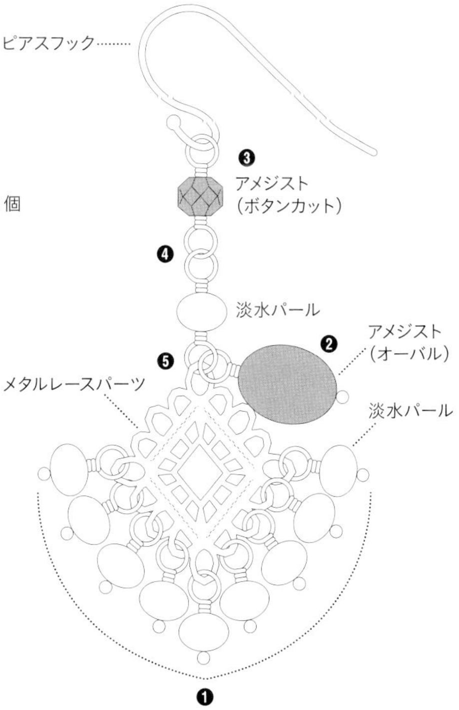

I3 ラブラドライト×ガーネットのピアス

p.31掲載 〈**完成サイズ**〉長さ約8cm

めがね留め

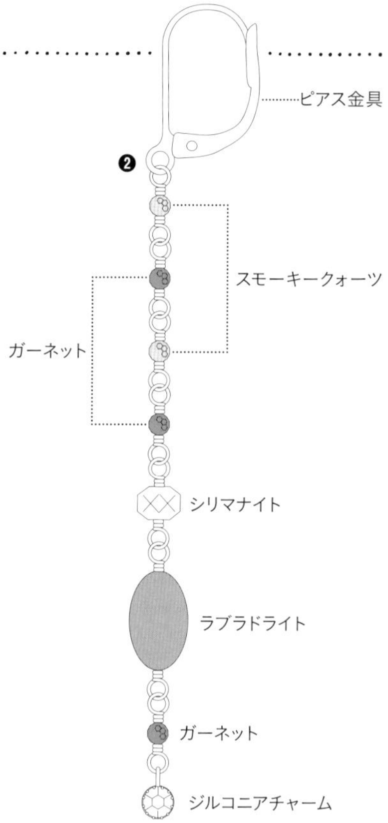

〈 材料 〉
ラブラドライト（タンブル９×5.5㎜）…２個
シリマナイト（ボタンカット３×４㎜）…２個
スモーキークォーツ（ラウンドカット２㎜）…４個
ガーネット（ラウンドカット２㎜）…６個
ジルコニアチャーム…２個
ピアス金具…１ペア
ワイヤー（0.3㎜）…６cm×12本、７cm×２本

〈 使う道具 〉
平ペンチ、丸ペンチ、ニッパー

〈 つくり方 〉
❶ 全体図のとおりに両側めがね留めしながら直付けして石とチャームをつなぐ（ラブラドライトのみ７cmのワイヤーを、そのほかの石は６cmのワイヤーを使用）。
❷ ピアス金具のカンを開き、①の一番端のスモーキークォーツのめがね留めの輪を通して閉じる。このとき、ジルコニアチャームが正面を向くようにする。
❸ もう片方のピアスも同様につくる。

I4 インカローズ×プレーナイトのピアス

p.31掲載 〈**完成サイズ**〉長さ約5.5cm

めがね留め

〈 材料 〉
a インカローズ
（ラフカットタンブル９×６㎜）…２個
b プレーナイト（ペアシェイプカット
縦穴８×５㎜）…２個
c シトリン（四角４×3.5㎜）…２個
d ターコイズ（ラウンド２㎜）…６個
ピアスフック…１ペア
スペーサー（４㎜）…４個
デザインピン
（丸0.5×40㎜）…６本
ワイヤー（0.3㎜）…６cm×６本

〈 使う道具 〉
平ペンチ、丸ペンチ、ニッパー

〈 つくり方 〉
❶ **d**にデザインピンを通し、めがね留めする。同じものを計３個つくる。
❷ ワイヤーの片方の端をめがね留めする。このあとに通すスペーサーの穴が大きい場合は、めがね留めの輪の下にワイヤーを巻きつけるとき、二重に巻いて巻きつけ部分を太くする（図１参照）。もう一方の端からスペーサー、**a**、スペーサーを順に通してめがね留めの輪をつくる（輪はまだ閉じない）。
❸ ②のめがね留めの輪に①を３個通し、輪を閉じる（図２参照）。スペーサーの穴が大きい場合は図１の要領で巻きつけ部分を太くする。
❹ **b**をワイヤーで両側めがね留めしながら、片方の輪を③の端の輪に直付けする。
❺ **c**をワイヤーで両側めがね留めしながら、片方の輪を④の端の輪に直付けする。
❻ ⑤の**c**の端の輪をピアスフックに通し、平ペンチでフックの隙間をそっと閉じる。
❼ もう片方のピアスも同様につくる。

図１

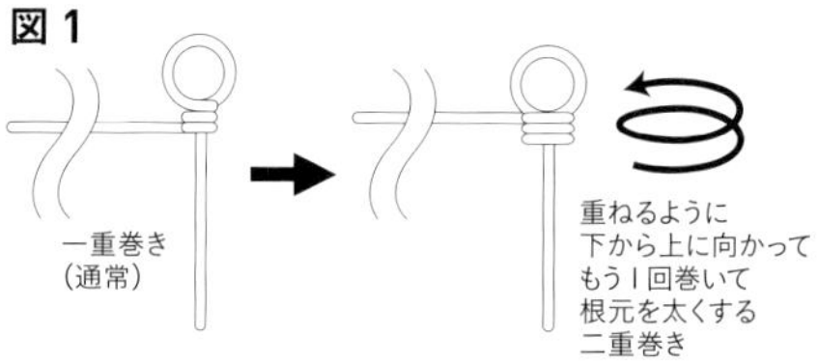

図２

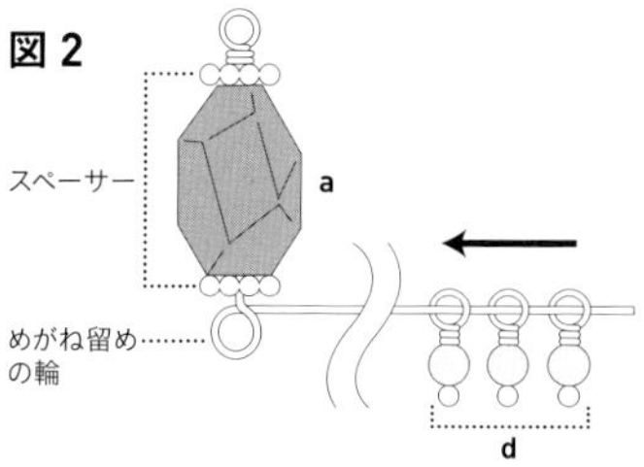

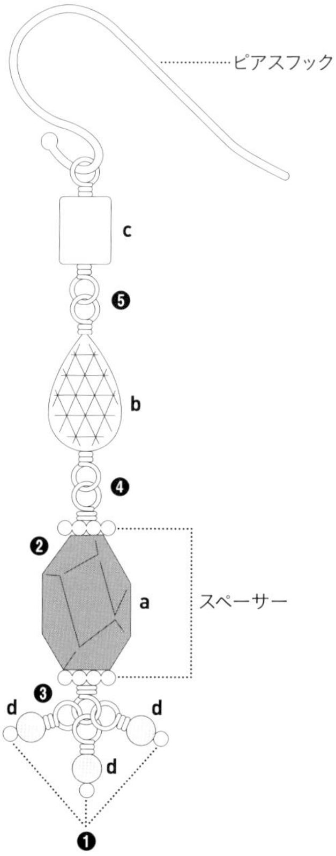

J1　華やかパールピアス

p.32掲載　〈 **完成サイズ** 〉長さ約５㎝

通す　チャーム留め　めがね留め

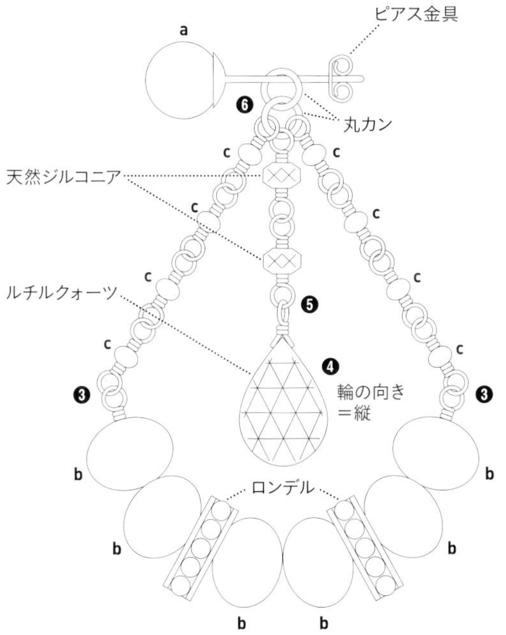

〈 材料 〉
a 淡水パール（片穴６㎜）…２個
b 淡水パール（ポテト5.5×７㎜）…12個
c 淡水パール（ポテト1.5×２㎜）…16個
パール付きロンデル（８×2.5㎜）…４個
ルチルクォーツ（ペアシェイプカット10×８㎜）…２個
天然ジルコニア（ボタンカット２×３㎜）…４個
ピアス金具（芯立５㎜）…１ペア
丸カン（0.7×3.5㎜）…４個
ワイヤー（0.4㎜）…10㎝×２本
ワイヤー（0.3㎜）…５㎝×20本、６㎝×２本

〈 使う道具 〉
平ペンチ、丸ペンチ、ニッパー、接着剤

〈 つくり方 〉
❶ ピアス金具の芯に接着剤をつけ、**a**の穴に芯を差し込んで固まるまでおく（p.57「接着剤のつけ方」参照）。
❷ 10㎝のワイヤーの片方の端をめがね留めし、もう一方から**b**２個、ロンデル、**b**２個、ロンデル、**b**２個を順に通す（図１参照）。通し終えたら、ワイヤーの先端をめがね留めし、全体を半円状に湾曲させる。
❸ **c**４個を５㎝のワイヤーで両側めがね留めでつなぎ、最後のめがね留めの輪を②の片方の端に直付けする。同じものをもう１本つくり、同様に、②のもう一方の端に直付けする。
❹ ６㎝のワイヤーでルチルクォーツ１個をチャーム留めし、輪を縦にする（p.71「チャーム留めの輪を縦にする方法」参照）。
❺ ５㎝のワイヤーで天然ジルコニア２個を両側めがね留めでつなぎ、片方の端を④のチャーム留めの輪に直付けする。
❻ 丸カンを開き、③の片方の端、⑤の端、③のもう一方の端を順に通して閉じる。
❼ ⑥の丸カンに丸カンをもう１個付けて閉じる。
❽ ⑦の丸カンにピアス金具を通す。
❾ もう片方のピアスも同様につくる。

図１

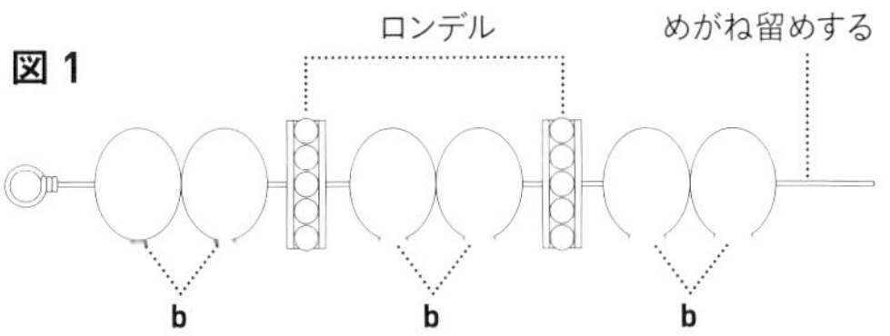

column

リフォームの楽しみ

レクタングルカットのルチルクォーツ＆ラウンド形チャームのネックレス。真鍮に金メッキのチェーンは黒ずみ、古ぼけた印象。

before

after

ルチルクォーツとチャームを取りはずし、天然石が連なる市販のハンドメイドチェーンを使ってブレスレットにリフォーム。新たにドロップカットの天然石３個をプラスして、ポイントに。

テクニックをひと通り身につけ、道具の扱いに慣れてくると、ジュエリーづくりの楽しみはさらに広がります。本で紹介されているレシピを好みでアレンジしたり、セレクトショップで見かけた素敵なアクセサリーをまねしてつくってみたり――。そんな、自分のセンスや好みに合わせたジュエリーづくりができるようになるのです。

古いジュエリーのリフォームも、そんな楽しみのひとつ。気に入って購入したものの、チェーンやピアス金具などの金属部分が黒ずんでしまった、チェーンが切れて修理に出さず放置したまま――そんなジュエリーボックスの肥やしになっている天然石アクセサリーはありませんか？ジュエリーづくりをマスターしたら、思い切って天然石だけを取りはずし、新たなチェーンや天然石、金属パーツを組み合わせてリフォームするのも楽しいものです。左の例のようにネックレスをブレスレットにつくり替えたり、その時々の流行を取り入れてみたりすれば、使い古したジュエリーも新鮮に生まれ変わります。

J2 華やかパールネックレス

p.33掲載 〈 **完成サイズ** 〉長さ約43.5㎝（アジャスター部分約５㎝）

通す　結ぶ　つなぐ　チャーム留め　めがね留め

〈 材料 〉

a 淡水パール（ライス11×８㎜）…２個
b 淡水パール（ライス７×５㎜）…４個
c 淡水パール（ポテト６×７㎜）…10個
d 淡水パール（ポテト３×3.5㎜）…16個
e 淡水パール（ライス３×2.5㎜）…８個
f 淡水パール（ポテト１×1.5㎜）…36㎝分
g アクアマリン（ドロップカット９×７㎜）…１個
h ルチルクォーツ（オニオンカット７×７㎜）…３個
ハンドメイドチェーン（シトリン）…5.5㎝
フィガロチェーン（３㎜幅）…４㎝
ヒキワ（５㎜）…１個
丸カン（大）（１×５㎜）…１個
丸カン（小）（0.7×3.5㎜）…２個
９ピン（0.5×20㎜）…39本
デザインピン（丸0.5×40㎜）…１本
U字金具…２個
つぶし玉（２㎜）…２個
シルクビーズコード（ホワイト0.35㎜）…１m（約50㎝使用）
ワイヤー（0.3㎜）…６㎝×４本

〈 使う道具 〉

平ペンチ、丸ペンチ、ニッパー、目打ち、定規、接着剤

〈 つくり方 〉

❶ **g**をワイヤーでチャーム留めし、輪の向きを縦にする（p.71「チャーム留めの輪を縦にする方法」参照）。
❷ つぶし玉、U字金具にシルクビーズコードを通して端の処理をする（下の「ビーズコードとU字金具を使った端の処理方法」参照）。
❸ ②に**f**を18㎝分通し、①を通す。さらに**f**を18㎝分通し、最後の**f**の際で一つ結びをし、②と同様につぶし玉とU字金具で端の処理をする。
❹ **a** ２個、**b** ４個、**c** ９個、**d** 16個、**e** ８個にそれぞれ９ピンを通し、ピンの先端をカットして輪をつくる。
❺ ワイヤーで**h**をチャーム留めする。同じものを計３個つくり、丸カン（大）に通してひとつにまとめる。
❻ 全体図のとおりに、ピンの輪を開いて④と⑤、ハンドメイドチェーンをつなぐ。
❼ **c** １個にデザインピンを通し、めがね留めしながらフィガロチェーンの片方の端に直付けする。
❽ 丸カン（小）を開き、⑥の全体図の**A**の部分、③の片方の端、ヒキワを順に通して閉じる。
❾ 丸カン（小）を開き、③のもう一方の端、⑥のもう一方の端、⑦のチェーンの端を順に通して閉じる。

ビーズコードとU字金具を使った端の処理方法

1 つぶし玉、U字金具の片方の通し穴に順にビーズコードの針を通し、糸の端から５㎝くらいの位置まで移動させる。

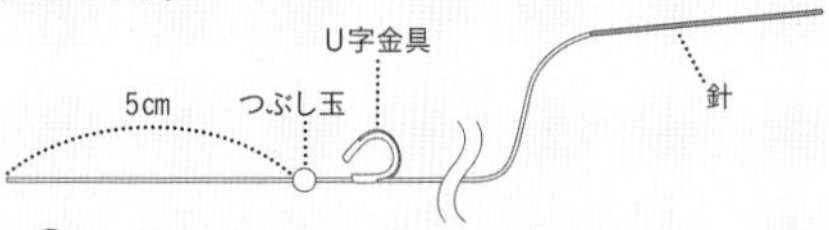

U字金具
5cm
つぶし玉
針

2 針をU字金具のもう一方の通し穴とつぶし玉に戻し入れ、針が付いているほうの糸を引いて、U字金具とつぶし玉を隙間なく寄せ合う。結び目がつぶし玉の中に入るように、つぶし玉のすぐ際で、糸の端と針が付いているほうの糸で固結びをする。

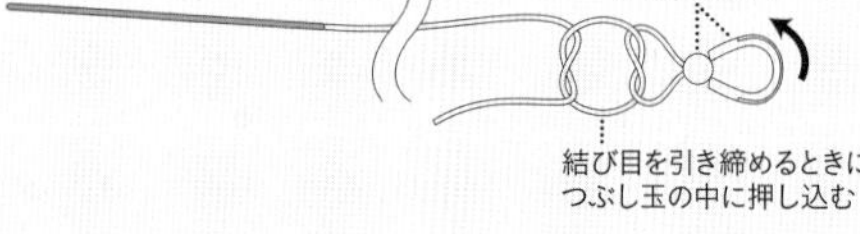

ぴったり寄せる
結び目を引き締めるときに
つぶし玉の中に押し込む

3 つぶし玉を少しずらし、**2**の結び目に接着剤をつける（p.57「接着剤のつけ方」参照）。接着剤が乾いたら、余分な糸の端をニッパーでカットする。針が付いているほうの糸をカットしないように注意。

結び目に接着剤をつける
接着剤が乾いたらニッパーでカット

4

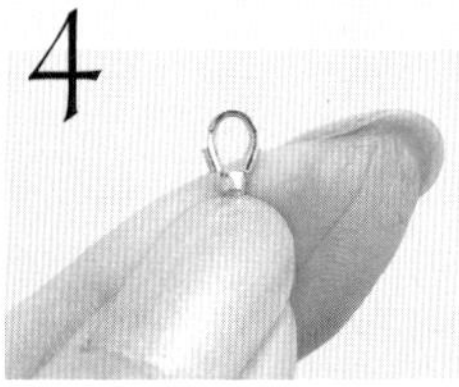

結び目の上につぶし玉を戻し、U字金具と隙間なく寄せ合う。爪でつぶし玉をU字金具に押しつけるようにするとよい。

5

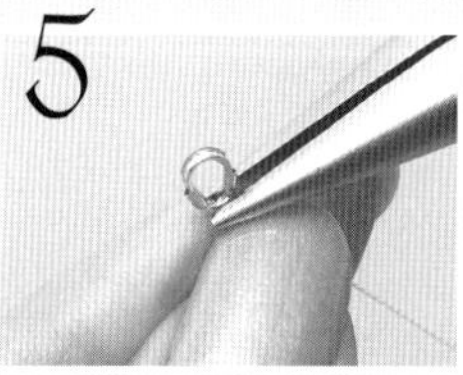

つぶし玉を平ペンチで横から挟んでしっかりつぶす。反対側からも平ペンチで挟み、もう一度しっかりつぶす。

6

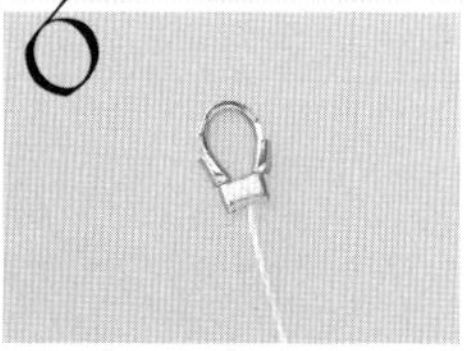

片側の処理が完了！ 石を通し終えたら、目打ちを使って石の際で一つ結びをする。つぶし玉とU字金具を通して、**2**〜**5**と同じ要領で端の処理をする。

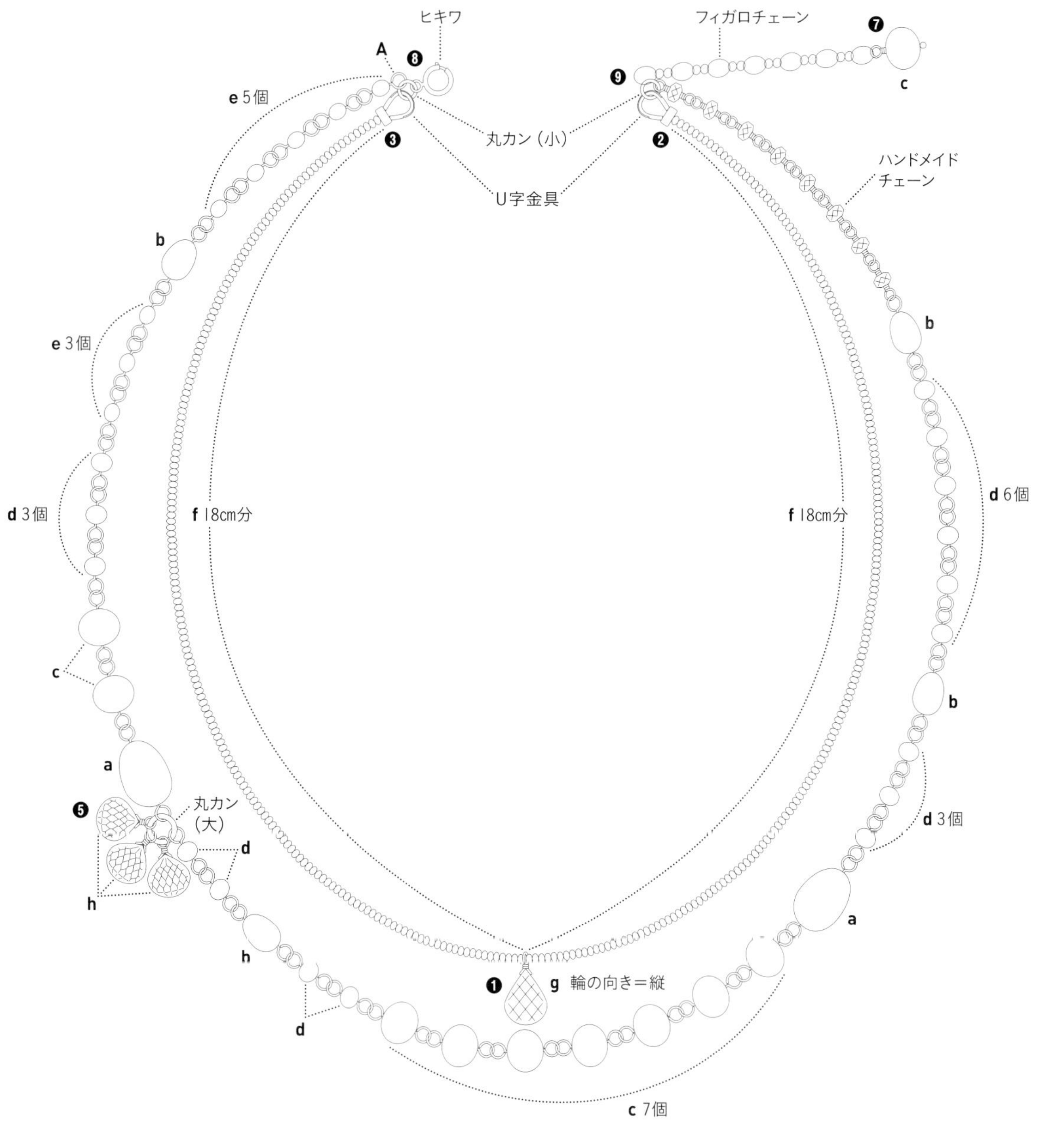

小さな石に素早くコードを通す方法

小さな石は糸を数本通して「連売り」されていますが、石をすべて糸からはずしてからビーズコードを通すのは時間がかかるし大変！ 糸からはずさず、そのまま針を通してコードに石を移すのが正解です。まず、もともと通っている糸を数本抜いて１本にし、石の穴に余裕を持たせます。糸が１本通っている状態のまま、端の石からビーズコードの針を通し、数個ずつまとめてビーズコードに移していけば、時間がぐんと短縮されます。

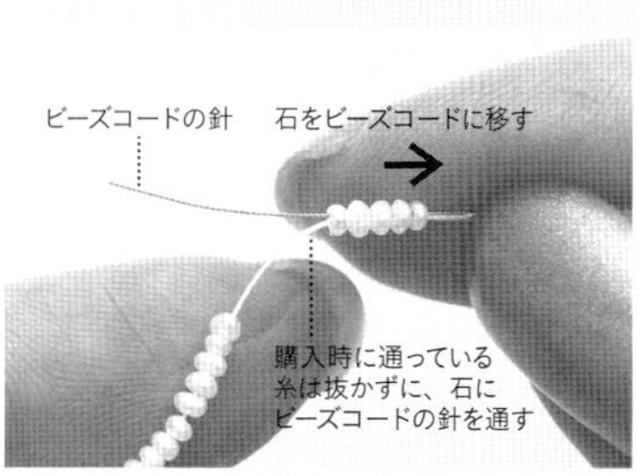

K1 ラグジュアリーピアス

p.34掲載 〈 **完成サイズ** 〉長さ約5.5cm

通す　チャーム留め　めがね留め

〈 材料 〉
マルチカラーサファイア（ペアシェイプカット6×3mm）…40個
レモンクォーツ（マーキスカット15×7mm）…2個
スターダストビーズ（4mm）…8個
メタルビーズ（2mm）…24個
フープピアス（38mm）…1ペア
ワイヤー（0.3mm）…5cm×40本、6cm×2本
デザインピン（丸0.4×38mm）…8本
丸カン（0.7×3.5mm）…4個

〈 使う道具 〉
平ペンチ、丸ペンチ、ニッパー、定規

〈 つくり方 〉
❶ マルチカラーサファイア20個を5cmのワイヤーでチャーム留めし、輪の向きを縦にする（p.71「チャーム留めの輪を縦にする方法」参照）。
❷ スターダストビーズ4個をデザインピンでめがね留めする。
❸ レモンクォーツを6cmのワイヤーでチャーム留めし、丸カンを2個連なるように付ける。
❹ ①、②、③とメタルビーズ12個を全体図のとおりにフープピアスに通す。サファイアの色の並び方はランダムでOK。
❺ フープピアスの先端5mmの位置を外側に向けて90°に曲げる（p.56「フープピアスの先端の曲げ方」参照）。
❻ もう片方のピアスも同様につくる。

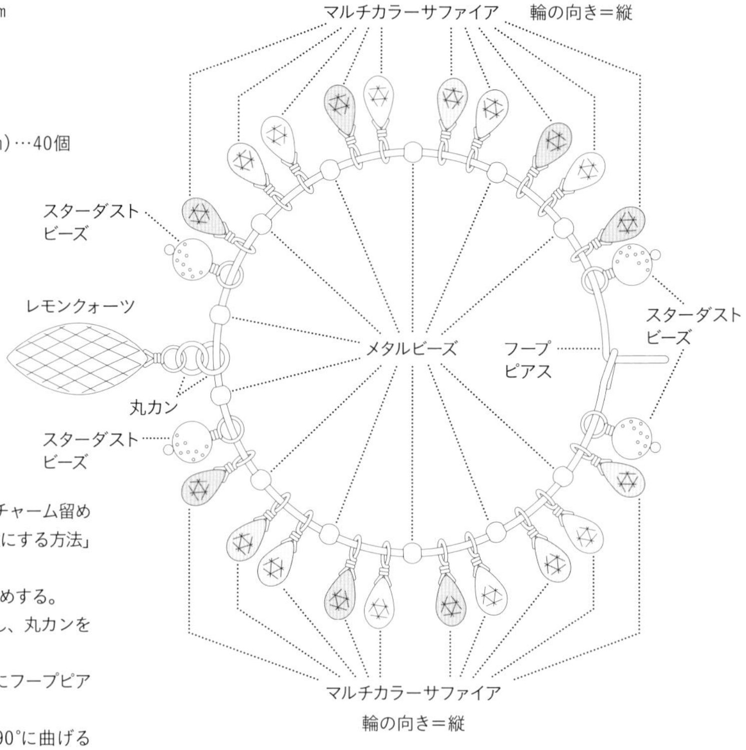

K2 ラグジュアリーブレス

p.35掲載 〈 **完成サイズ** 〉長さ約18cm（アジャスター部分約7cm）

つなぐ　チャーム留め

〈 材料 〉
a スモーキークォーツ（ペアシェイプカット13×10mm）…1個
b レモンクォーツ（オーバルカット18×13mm）…6個
c シトリン（ペアシェイプカット9.5×7.5mm）…2個
d アメジスト（ドロップカット7×5mm）…2個
e プレーナイト（マロンカット6.5×6.5mm）…4個
f アメジスト（ラウンドカット3mm）…12個
g 枠付きホワイトクォーツチャーム（ペアシェイプ23×14.5mm）…1個
リボン（メタリックゴールド10mm幅）…約80cm
2連バー（10mm）…2個
フィガロチェーン
（L&S120BFゴールド・10mm幅／貴和製作所）
…16cm（両端が大きいコマになるようにカットする）
デザインチェーン（8mm幅）…3.5cm
カニカン（15mm）…1個
9ピン（0.6×30mm）…6本
丸カン（小）（0.7×3.5mm）…15個
丸カン（大）（1×5mm）…14個
ワイヤー（0.3mm）…6cm×9本

図1

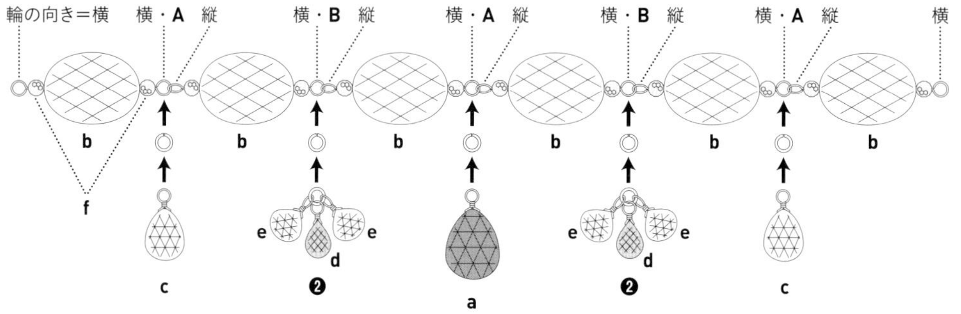

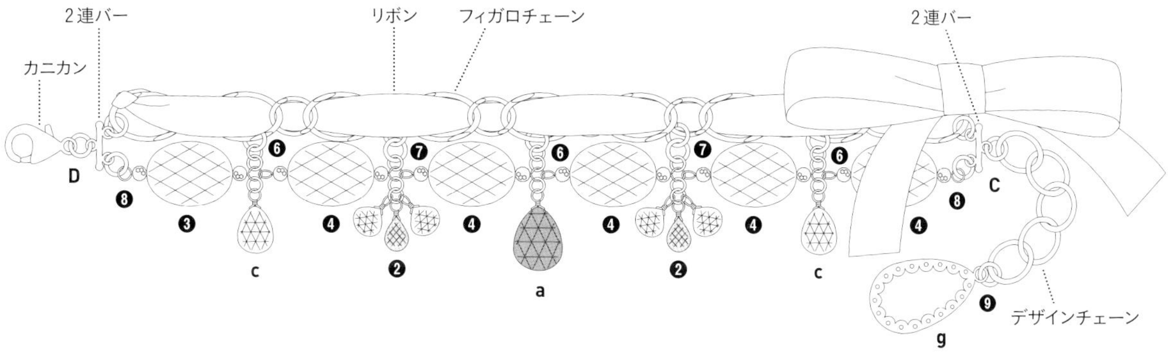

〈 使う道具 〉
平ペンチ、丸ペンチ、ニッパー、接着剤、楊枝、はさみ

〈 つくり方 〉
❶ **a**、**c**、**d**、**e**の9個の石をワイヤーでチャーム留めし、**e**は輪の向きを縦にする（p.71「チャーム留めの輪を縦にする方法」参照）。
❷ 丸カン（小）に**e**、**d**、**e**を順に通して丸カンを閉じる。同じものを計2個つくる。
❸ 9ピンに**f**、**b**、**f**を順に通し、先端をカットして輪をつくる。
❹ 9ピンに**f**、**b**、**f**を順に通し、先端をカットして輪をつくり、片方の輪が縦になるように輪の向きを変える。同じものを計5個つくる。
❺ 図1のとおりに、③と④のピンの輪を開いてつなぎ、横向きになっている輪に丸カン（小）で①と②のパーツを付ける。
❻ フィガロチェーンを上にして⑤と平行に並べて置く。図1の**A**の位置（横向きの輪）に丸カン（小）2個、丸カン（大）1個を連なるように付けて、フィガロチェーンの大きいコマに付ける（図2参照）。
❼ 図1の**B**の位置（横向きの輪）に丸カン（小）1個、丸カン（大）2個を連なるように付けて、フィガロチェーンの小さいコマに付ける（図2参照）。

図2

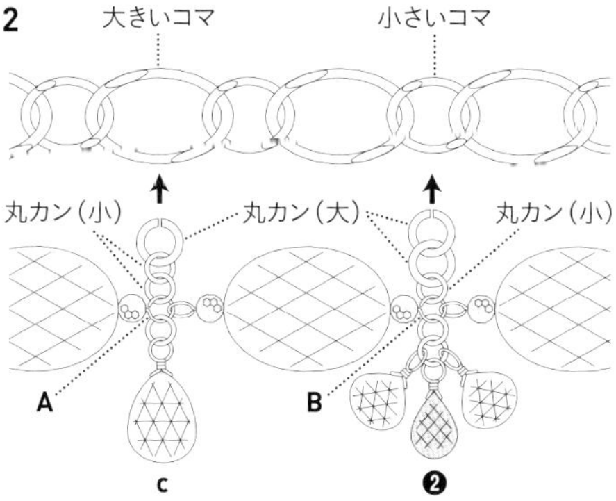

❽ ⑦の片方の端のフィガロチェーンのコマと9ピンの輪をそれぞれ丸カン（大）で2連バーの輪が2つあるほうに付ける。もう一方の端も同様にする。
❾ デザインチェーンに丸カン（大）で**g**を付ける。
❿ 全体図の**C**の位置に丸カン（大）で⑨を付け、**D**の位置に丸カン（大）でカニカンを付ける。
⓫ 右上の「リボンの通し方」の手順でリボンをフィガロチェーンに左端から通し、右端で蝶結びをする。余分なリボンをカットし、端に接着剤をつけてほつれ止めをしておく（p.57「接着剤のつけ方」参照）。

リボンの通し方

1
チェーンの左端のコマにリボンを通し、リボンの中央で1回結ぶ。

2
リボンを2本重ね、大きいコマだけに表から裏へ、裏から表へと通していく。楊枝の背を使って、軽く押し込みながら通すとスムーズ。

3
最後のコマは上にあるほうのリボンだけ通す。

4
上にあるリボンと下にあるリボンで蝶結びをする。

太いチェーンのカット方法

ラグジュアリーブレスで使用したフィガロチェーンやデザインチェーンのような特別太いチェーンは、通常、コマのひとつひとつに切れ目があるため、ニッパーでカットする必要はなし。ペンチを2本使って、必要な長さに分割する。コマがなかなか開かないときは、ペンチを深く差し入れて左右に広げるように力を込めると開きやすい。

L1 クリアストーンピアス

p.36掲載 〈完成サイズ〉長さ約4.5cm

チャーム留め

〈材料〉

a クリスタルクォーツ(ペアシェイプカット12×9mm)…2個
b クリスタルクォーツ(マロンカット8×8mm)…4個
c クリスタルクォーツ(ドロップカット7×5mm)…12個
キュービックジルコニア付きピアス金具…1ペア
ワイヤー(0.3mm)…6cm×16本
ワイヤー(0.4mm)…6cm×2本
丸カン(0.7×3.5mm)…12個

〈使う道具〉

平ペンチ、丸ペンチ、ニッパー

〈つくり方〉

❶ **a** 1個をワイヤー(0.4mm)でチャーム留めする。
❷ **b** 2個をワイヤー(0.3mm)でチャーム留めする。
❸ **c** 4個をワイヤー(0.3mm)でチャーム留めする。
❹ ①に丸カン3個を連なるように付ける。3個目の丸カンに②を2個とも通して閉じる。
❺ ④で通した2個の石の間に丸カンを1個付け、③を2個通して丸カンを閉じる。
❻ ⑤で通した2個の石の間に丸カンを1個付け、③を2個通して丸カンを閉じる。
❼ ピアス金具のカンに**c** 2個をワイヤー(0.3mm)でチャーム留めしながら直付けする。
❽ ⑥で通した2個の石の間に丸カンを1個付け、⑦の2個の石の間に通して閉じる。
❾ もう片方のピアスも同様につくる。

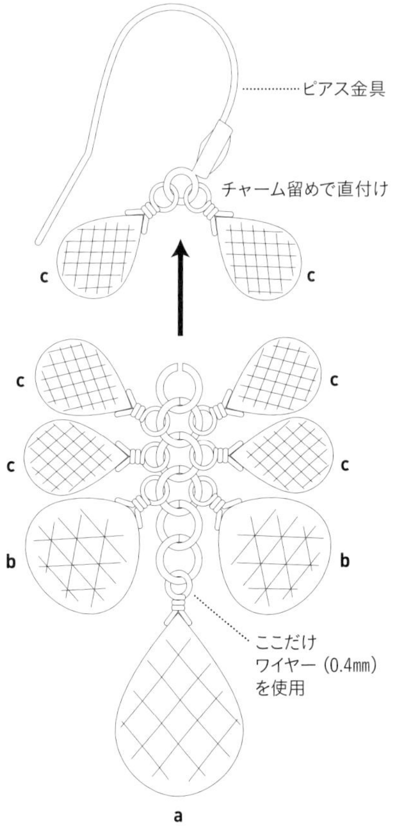

L2 クリアストーンネックレス

p.37掲載 〈完成サイズ〉長さ約82cm

つなぐ　チャーム留め

〈材料〉

a クリスタルクォーツ(オーバルカット18×13mm)…1個
b クリスタルクォーツ(ドロップカット縦穴10×8mm)…3個
c クリスタルクォーツ(ペアシェイプカット12×9mm)…1個
d クリスタルクォーツ(オーバルカット10×8mm)…1個
e クリスタルクォーツ(マロンカット8×8mm)…7個
f クリスタルクォーツ(ドロップカット7×5mm)…7個
メタルリングパーツ(16×15mm)…1個
チェーン(3mm幅)…20cm×2本、31cm×1本
チェーン(2mm幅)…7cm×1本、19.5cm×1本
カニカン(10mm)…1個
丸カン(大)(1×5mm)…1個
丸カン(小)(0.7×3.5mm)…10個
9ピン(0.5×20mm)…3本
9ピン(0.5×30mm)…1本
デザインピン(丸0.5×20mm)…1本
ワイヤー(0.3mm)…6cm×14本
ワイヤー(0.4mm)…6cm

〈使う道具〉

平ペンチ、丸ペンチ、ニッパー、定規

〈つくり方〉

❶ **f** 7個をワイヤー(0.3mm)でチャーム留めする。
❷ 丸カン(大)を開き、①1個、メタルリングパーツを通して19.5cmのチェーンの中央のコマに付ける。
❸ **c**を31cmのチェーンの中央のコマにワイヤー(0.4mm)でチャーム留めしながら直付けする。
❹ **a**に9ピン(0.5×30mm)、**b** 1個と**d**にそれぞれ9ピン(0.5×20mm)を通し、ピンの先端をカットして輪をつくる。輪を開き、**d**、**a**、**b**を順につなぐ。
❺ 20cmのチェーンの片方の端に**e** 1個をワイヤー(0.3mm)でチャーム留めしながら直付けする。
❻ ④の**d**の端の9ピンの輪を開き、⑤のもう一方の端につなぐ。
❼ **b** 1個にデザインピンを通し、ピンの先端をカットして輪をつくる。輪を開き、7cmのチェーンの片方の端につなぐ。
❽ ⑦のチェーンに**b**から1.5cm間隔で**e** 2個をワイヤー(0.3mm)でチャーム留めしながら直付けする。
❾ **b** 1個に9ピン(0.5×20mm)を通し、ピンの先端をカットして輪をつくる。
❿ **e** 4個をワイヤー(0.3mm)でチャーム留めする。
⓫ ⑨の上の輪に丸カン(小)を5個連なるように付け、5個目に⑩4個を通して閉じる(図1参照)。
⓬ ⑪で通した4個の石の2個目と3個目の間に丸カン(小)を2個連なるように付ける。2個目の丸カンに①2個を通して閉じる(図1参照)。
⓭ ⑫で通した2個の石の間に丸カン(小)を1個付け、①2個を通して閉じる(図1参照)。
⓮ ⑬で通した2個の石の間に丸カン(小)を1個付け、①1個、20cmのチェーンの片方の端、⑦の片方の端、①1個を順に通して閉じる(図1参照)。
⓯ ⑭の20cmのチェーンのもう一方の端に丸カン(小)でカニカンを付ける。
⓰ ⑮の端の**b**の9ピンの下の輪を開き、②と③のチェーンの片方の端を通して閉じる。
⓱ ④の**b**の下の輪を開き、②と③のもう一方の端を通して閉じる。

図1

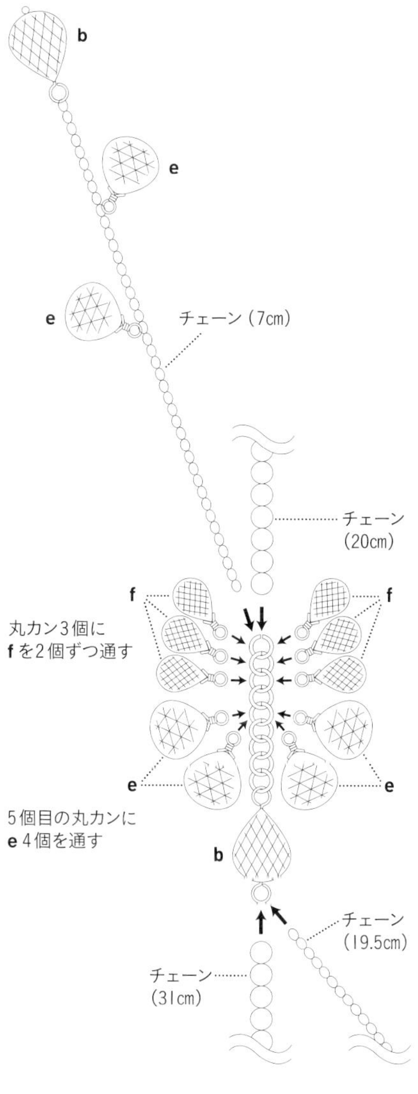

b
e
e
チェーン（7cm）
チェーン
（20cm）
f
f
丸カン3個に
f を2個ずつ通す
e
e
5個目の丸カンに
e 4個を通す
b
チェーン
（19.5cm）
チェーン
（31cm）

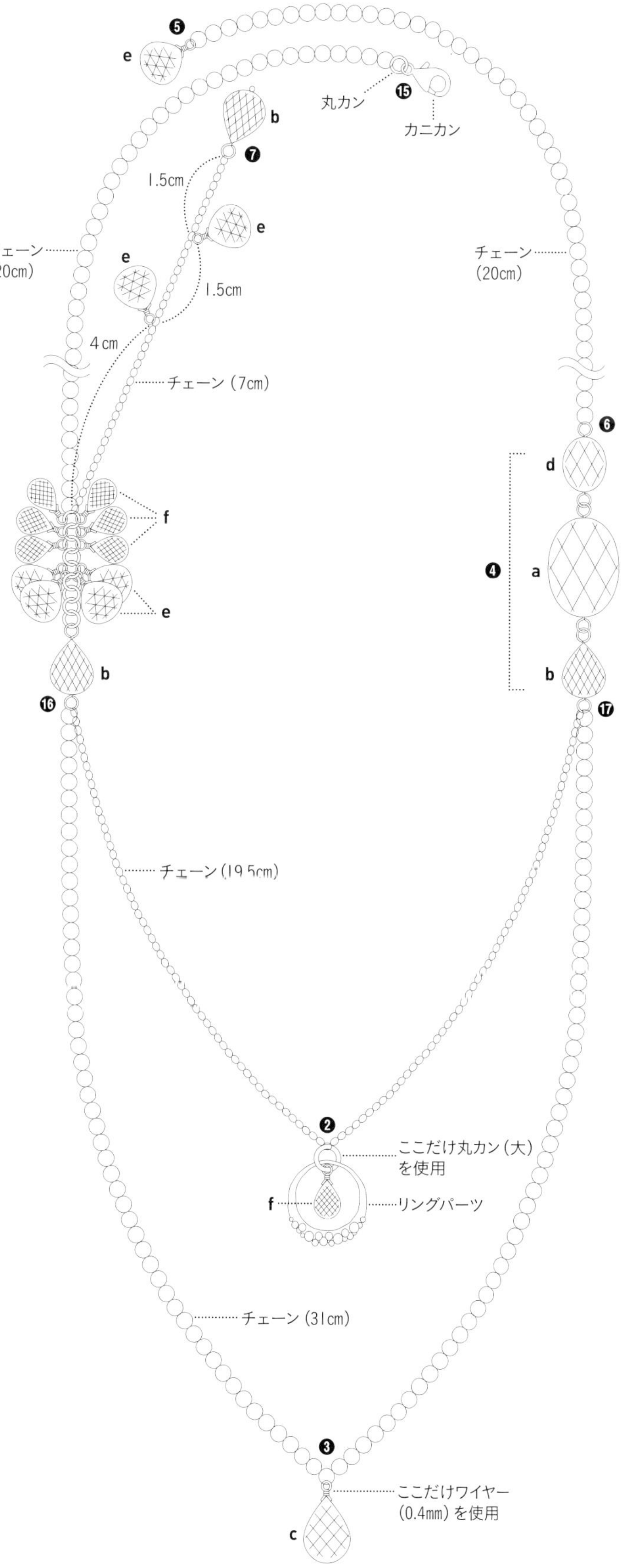

❺
e
丸カン
⓯
カニカン
b
❼
1.5cm
e
e
1.5cm
チェーン
（20cm）
4cm
チェーン（7cm）
チェーン
（20cm）
❻
d
f
❹
a
e
b
b
⓰
⓱
チェーン（19.5cm）
❷
ここだけ丸カン（大）
を使用
f
リングパーツ
チェーン（31cm）
❸
ここだけワイヤー
（0.4mm）を使用
c

M1 大粒石のビジューネックレス

p.38掲載 〈 **完成サイズ** 〉長さ約48.5cm

つなぐ　チャーム留め　めがね留め

〈 材料 〉

a スモーキークォーツ(ペアシェイプカット20×13mm)…1個
b フレームビーズ(グリーンアメジスト16×11mm)…2個
c ビアクォーツ(コンケーブカット13×10mm)…1個
d 人工石(茶金石 ペアシェイプカット15×11mm)…2個
e アメジスト(マーキスカット16×8mm)…1個
f 練りターコイズ(オーバル14×10mm)…1個
g アマゾナイト(ラウンド12mm)…1個
h リバーストーン(ラウンド10mm)…5個
i 淡水パール(ポテト6.5×7mm)…1個
メタルパーツ(カン付き14mm)…1個
デザインロンデル(PT-302485-G／PARTS CLUB)…1個
座金(PT-301957-G／PARTS CLUB)…10個
カニカン(15mm)…1個
メタルビーズ(2mm)…5個
デザインピン(クローバー0.5×20mm)…1本
Tピン(0.6×30mm)…8本
ワイヤー(0.4mm)…6cm×4本、7cm×1本
デザインチェーン(5mm幅 K-245／貴和製作所)…45cm
チェーン(1.2mm幅)…1.5cm×2本、2cm×1本、2.5cm×2本
丸カン(大)(1×5mm)…1個
丸カン(小)(0.7×3.5mm)…3個

〈 使う道具 〉

平ペンチ、丸ペンチ、ニッパー、定規

〈 つくり方 〉

❶ Tピンにメタルビーズ、座金、**h**、座金を順に通し、ピンの先端をカットして輪をつくる(図1参照)。同じものを計5個つくる。
❷ 6cmのワイヤーで**a**をチャーム留めする。
❸ 2.5cmのチェーンの片方の端に、**f**を7cmのワイヤーで両側めがね留めしながら直付けする(図2参照)。
❹ メタルパーツのカンを開き、③の端のめがね留めの輪につなぐ(図2参照)。
❺ デザインチェーンの片方の端に丸カン(大)でカニカンを付け、もう一方の端に①1個の輪を開いて付ける。
❻ 丸カン(小)を開き、②と④のチェーンの端を通し、デザインチェーンのカニカンを付けたほうの端から21.5cmのコマに付ける。このとき、②が手前、④が奥に位置するように付ける。
❼ **c**にデザインピンを通し、ピンの先端をカットして輪をつくる。
❽ ⑦の輪を開いて2.5cmのチェーンの片方の端に付け、⑥と同じコマに丸カン(小)で付ける。このとき、⑥の向かって右側に付ける。
❾ Tピンに**g**、ロンデル、**i**を順に通し、輪をつくる(図3参照)。
❿ ⑨の輪を開いて2cmのチェーンの片方の端に付け、⑥と同じコマに丸カン(小)で付ける。このとき、⑥の向かって左側に付ける。
⓫ ⑩と同じコマの⑩の向かって左側に、**e**を6cmのワイヤーでチャーム留めしながら直付けする。
⓬ **b**にTピンを通し、ピンの先端をカットして輪をつくる。同じものを計2個つくる。
⓭ 1.5cmのチェーンの片方の端に、**d**を6cmのワイヤーでチャーム留めしながら直付けする。同じものを計2個つくる。
⓮ ⑫の輪を開いて⑬のチェーンの端を通し、⑥から左右それぞれ1コマあけた位置に付ける。
⓯ ①4個の輪を開き、⑥から左右に4cm間隔で2個ずつ付ける。

図1

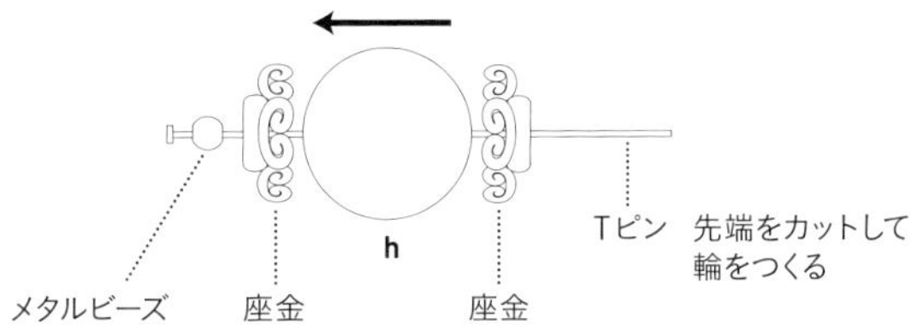

図2

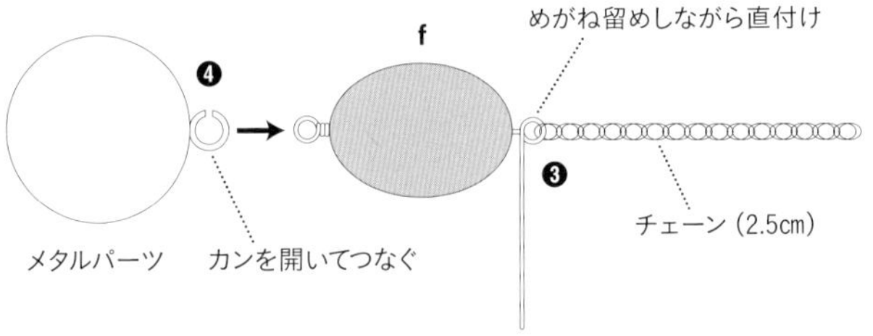

図3

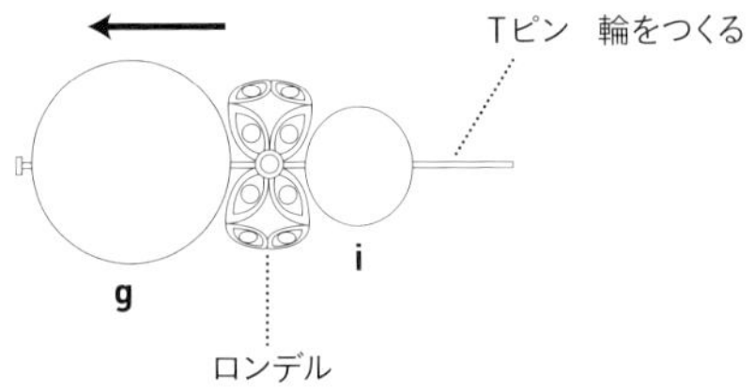

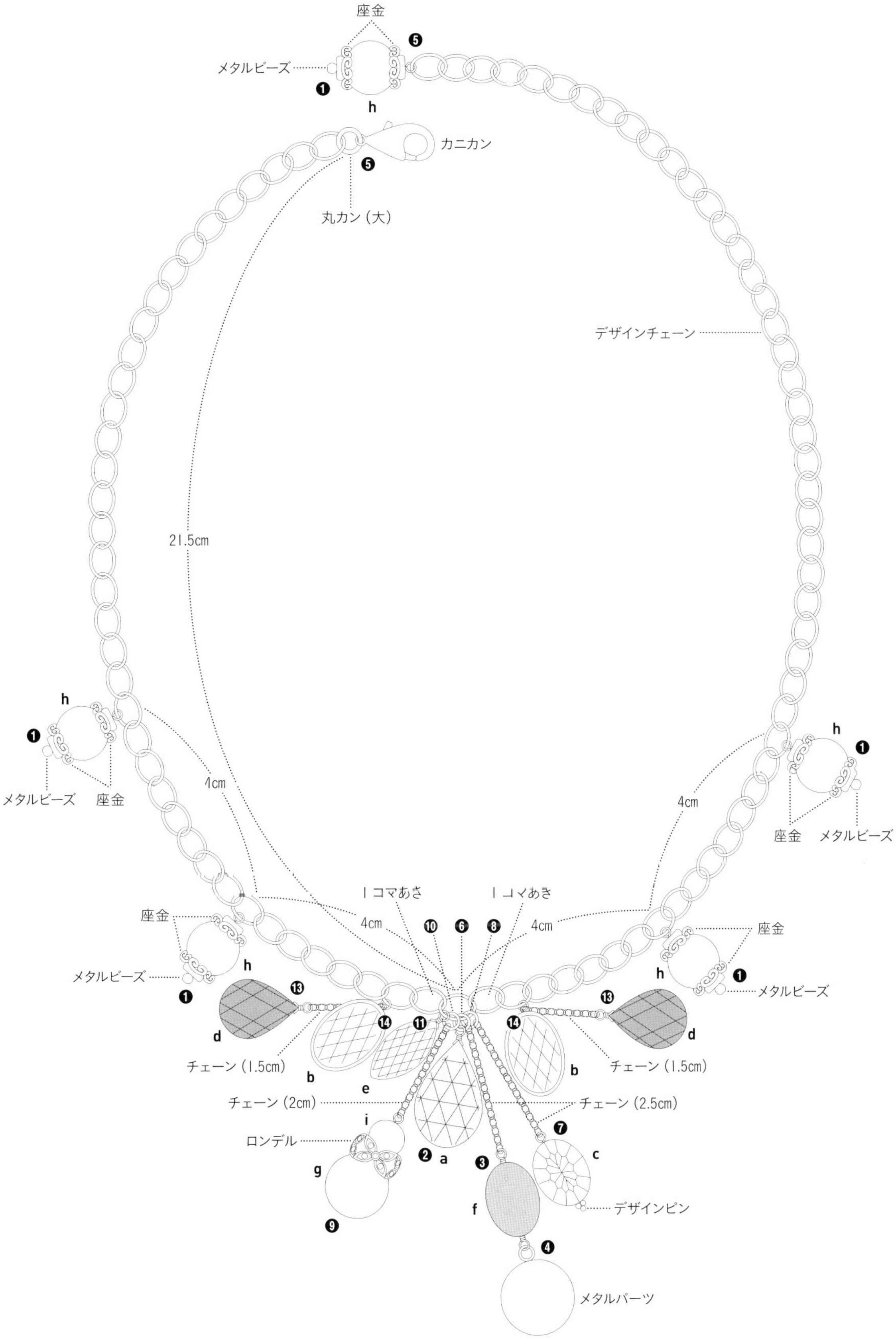

座金
❺
メタルビーズ
❶
h
カニカン
❺
丸カン（大）
デザインチェーン
21.5cm
h
❶
メタルビーズ
座金
4cm
h
❶
座金
メタルビーズ
4cm
1コマあき
1コマあき
4cm
4cm
❿
❻
❽
座金
メタルビーズ
h
❶
⓭
d
⓮
⓫
座金
h
❶
メタルビーズ
⓭
⓮
d
チェーン（1.5cm）
b
e
b
チェーン（1.5cm）
チェーン（2cm）
チェーン（2.5cm）
i
ロンデル
❷
a
❸
❼
c
g
f
デザインピン
❾
❹
メタルパーツ

M2 リボンのロングビジューネックレス

p.39掲載 〈**完成サイズ**〉長さ約54.5cm〜180cm（リボンの結び方で調節可能）

通す　結ぶ　チャーム留め　めがね留め

〈 **材料** 〉
a スーパーセブン（ペアシェイプカット12×8mm）…1個
b モスアクアマリン（マロンカット6.5×6.5mm）…1個
c アマゾナイト（ペアシェイプカット7×5mm）…4個
d グレーアゲート（ラウンドカット4mm）…10個
e ブラックスピネル（ラウンドカット2mm）…34cm分
f 淡水パール（ライス2.5×2mm）…36cm分
ビジューパーツ（13×17mm）…1個
リボン留め金具（8mm）…1個
デザインピン（丸0.4×38mm）…10本
丸カン（大）（1×5mm）…3個
丸カン（小）（0.7×3.5mm）…2個
U字金具…4個
つぶし玉（2mm）…4個
チェーン（太）（18mm幅）…3コマ×2本
チェーン（中）（3mm幅）…46cm
チェーン（細）（1mm幅）…34cm
ワイヤー（0.3mm）…6cm×6本
シルクシフォンリボン（グレー88×1.5cm）…1本
レースリボン（シルバー1cm）…41cm
シルクビーズコード（ホワイト0.35mm）…1m

〈 **使う道具** 〉
平ペンチ、丸ペンチ、ニッパー、目打ち、定規、接着剤、楊枝

〈 **つくり方** 〉
❶ チェーン（細）の中央のコマに**a**をワイヤーでチャーム留めしながら直付けする。
❷ チェーン（中）の中央のコマに**b**をワイヤーでチャーム留めしながら直付けし、輪の向きを縦にする（p.71「チャーム留めの輪を縦にする方法」参照）。
❸ 全体図のとおりに②から左右に3cm間隔で、**d**はデザインピンでめがね留めしながら、**c**はワイヤーでチャーム留めしながら直付けする。**c**のチャーム留めの輪の向きは縦にする。
❹ つぶし玉、U字金具にシルクビーズコードを通して端の処理をする（p.78「ビーズコードとU字金具を使った端の処理方法」参照）。**e**をすべて通して石の際で隙間ができないように一つ結びをし、つぶし玉とU字金具で端の処理をする。
❺ ④と同様の手順で、つぶし玉、U字金具にシルクビーズコードを通して端の処理をする。**f**をすべて通して石の際で隙間ができないように一つ結びをし、つぶし玉とU字金具で端の処理をする。
❻ 丸カン（小）を開き、①、④、⑤、③を順にそれぞれの片方の端を通して閉じる。反対側の端も同様に丸カン（小）に通して閉じる。
❼ 丸カン（大）2個を開き、それぞれに⑥の片方の端とチェーン（太）の片方の端を通して閉じる。
❽ レースリボンの片方の端をリボン留め金具で挟んで閉じる（下の「リボン留め金具の使い方」参照）。
❾ 丸カン（大）を開き、⑧のリボン留め金具と⑦の片方の端を通して閉じる。
❿ ⑦のもう一方の端にシルクシフォンリボンを4cmほど通して折り返し、チェーンから2cm離れた位置で一回結び、結び目に接着剤をつける。

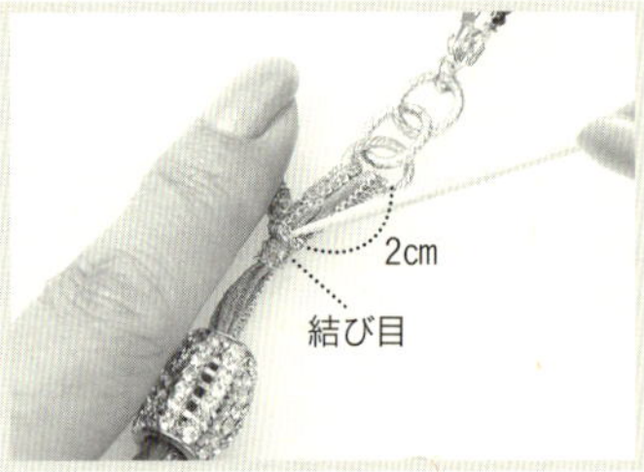

⓫ ⑩のリボンのもう一方の端からビジューパーツを通し、結び目にかぶせる。接着剤が乾くまでおく。

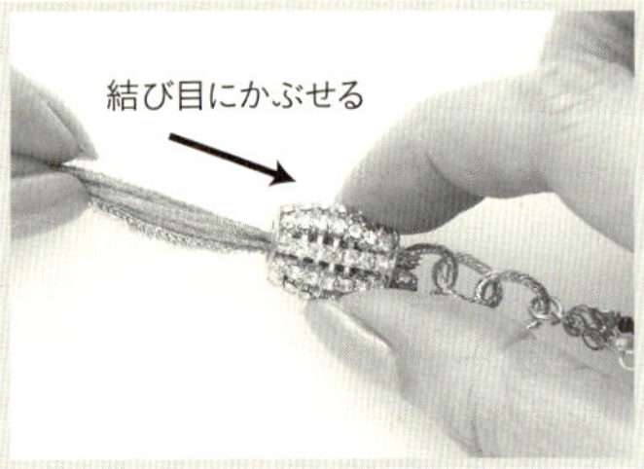

リボン留め金具の使い方

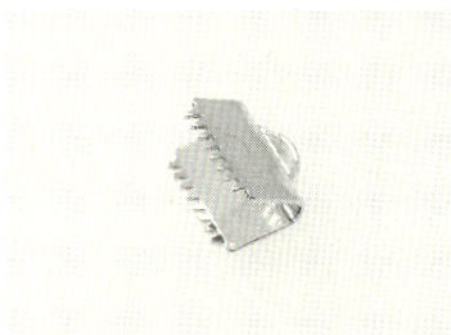

リボン留め金具。ギザギザの部分でリボンの端を挟む。

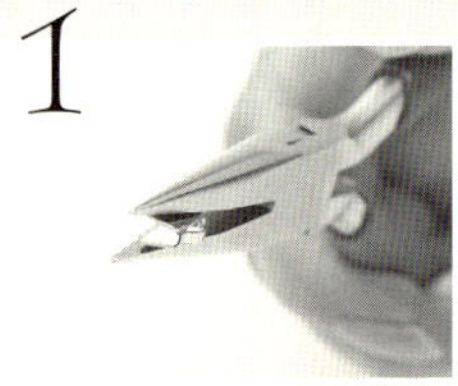

リボン留め金具を横から平ペンチで挟み、少し閉じてリボンを挟みやすくする。

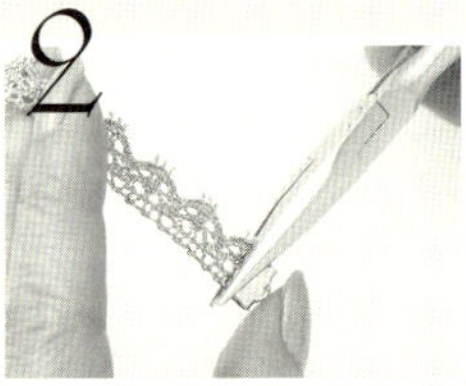

リボンの端をリボン留め金具のギザギザの上にのせ、横から平ペンチで挟んでしっかり閉じる。

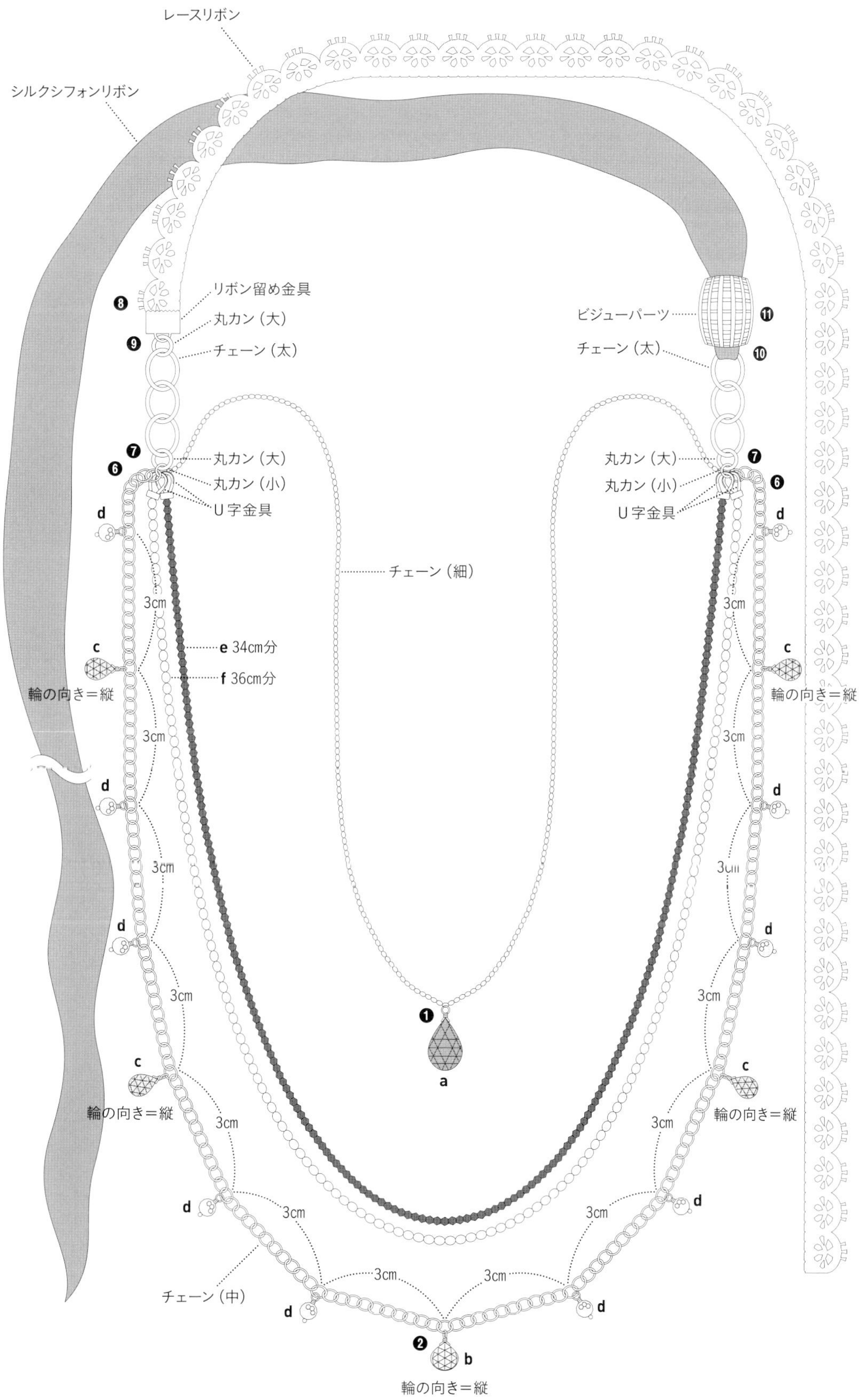
レースリボン
シルクシフォンリボン
❽
リボン留め金具
❾
丸カン（大）
チェーン（太）
ビジューパーツ
⓫
チェーン（太）
❿
❼
❻
丸カン（大）
丸カン（小）
U字金具
丸カン（大）
丸カン（小）
U字金具
❼
❻
d
d
チェーン（細）
3cm
3cm
e 34cm分
f 36cm分
c
c
輪の向き＝縦
輪の向き＝縦
3cm
3cm
d
d
3cm
3cm
d
d
3cm
3cm
❶
a
c
c
輪の向き＝縦
輪の向き＝縦
3cm
3cm
d
d
3cm
3cm
3cm
3cm
チェーン（中）
d
d
❷
b
輪の向き＝縦

N1 シンプルハートピアス

p.40掲載 〈**完成サイズ**〉長さ約3.3cm

通す　つなぐ

〈 材料 〉

レッドクォーツ（染 ハートカット6×8mm）…2個
フープピアス（0.68×26mm）…1ペア
スターダストビーズ（3mm）…12個
メタルビーズ（丸玉2mm）…16個
デザインピン（丸0.5×20mm）…2本
丸カン（0.7×3.5mm）…2個

〈 使う道具 〉

平ペンチ、丸ペンチ、ニッパー、定規

〈 つくり方 〉

❶ レッドクォーツにデザインピンを通し、ピンの先端をカットして輪をつくる。輪を開いて丸カンにつなぐ。
❷ 全体図のとおりにメタルビーズ、スターダストビーズ、①をフープピアスに通す。
❸ フープの先端5mmの位置を平ペンチで挟み、外側に向けて90°に曲げる（p.56「フープピアスの先端の曲げ方」参照）。
❹ もう片方のピアスも同様につくる。

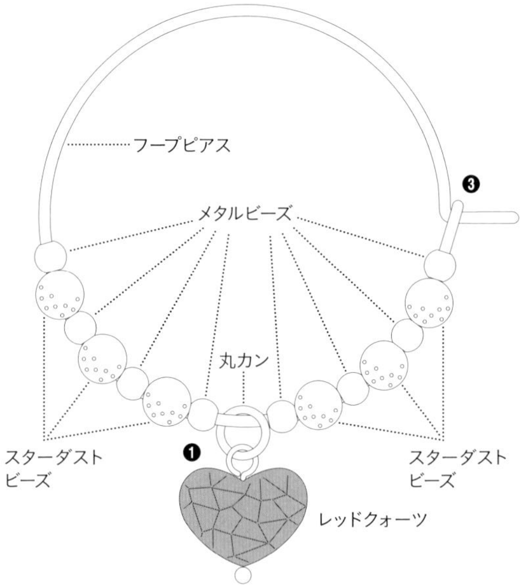

N2 バタフライ&ローズのカラフルブレス

p.40掲載 〈**完成サイズ**〉長さ約21.5cm

通す　チャーム留め　めがね留め

〈 材料 〉

a クィーンコンクシェル（バラ10mm）…3個
b クォーツ（グリーン染 蝶8×8mm）…1個
c クォーツ（オレンジ染 蝶8×8mm）…1個
d レモンジャスパー（蝶8×8mm）…1個
e プレーナイト（リーフ9×6mm）…6個
f クォーツ（ショッキングピンク染 ラウンド4mm）…4個
g ムーンストーン（ボタンカット2.5×4mm）…4個
ヒキワ（5mm）…1個
チェーン（3mm幅）…3cm
ワイヤー（0.4mm）…6cm×13本、8cm×1本

〈 使う道具 〉

平ペンチ、丸ペンチ、ニッパー

〈 つくり方 〉

❶ 8cmのワイヤーの片方の端をめがね留めし、全体図のとおりに**e**4個と**a**3個を交互に通す。もう一方の端をめがね留めし、ワイヤーを少し曲げて全体に丸みをつけておく。
❷ チェーンの片方の端に**e**を6cmのワイヤーでチャーム留めしながら直付けする。
❸ 全体図のとおりに①の両端に**b**、**c**、**d**、**e**、**f**、**g**を6cmのワイヤーで両側めがね留めしながら直付けし、1本にまとめる。このとき、全体図の**A**の位置にある**g**はめがね留めしながら②のチェーンの端に直付けする。**B**の位置にある**f**はめがね留めしながらヒキワに直付けする。

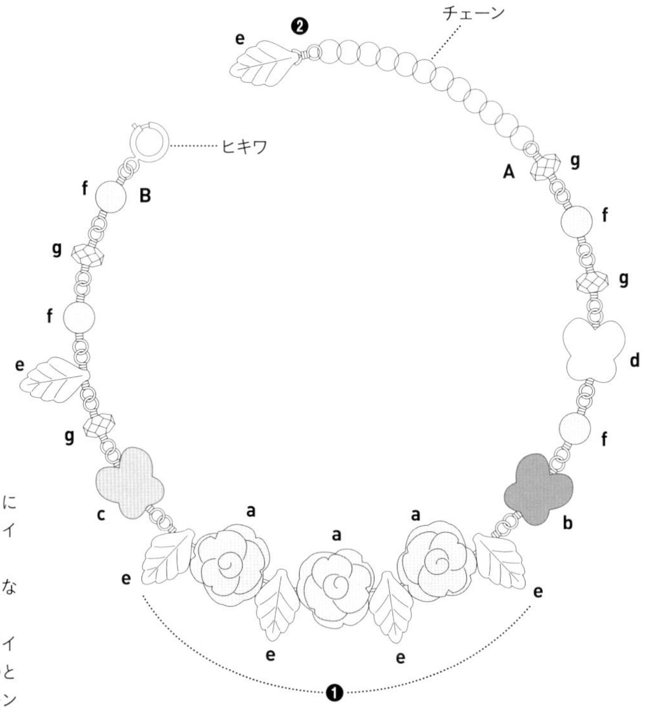

N3 小鳥＆バタフライのホワイトネックレス

p.41掲載　〈 **完成サイズ** 〉長さ約39cm（アジャスター部分約5cm）

つなぐ　チャーム留め　めがね留め

〈 材料 〉

a マザーオブパール（鳥10×18mm）…1個
b マザーオブパール（蝶8×10mm）…2個
c マザーオブパール（鍵13×5.5mm）…1個
d マザーオブパール
　（ペアシェイプカット8×5mm）…2個
e レモンクォーツ
　（ペアシェイプカット7×5mm）…4個
f ラブラドライト
　（ボタンカット2.5×3mm）…8個
カニカン（10mm）…1個
丸カン（0.7×3.5mm）…8個
デザインピン（丸0.5×20mm）…2本
デザインピン（丸0.4×38mm）…8本
チェーン（1mm幅）…38cm
チェーン（3mm幅）…4cm
ワイヤー（0.3mm）…6cm×6本

〈 使う道具 〉

平ペンチ、丸ペンチ、ニッパー、定規

〈 つくり方 〉

❶ 38cmのチェーンの中央のコマに丸カンで**a**を付ける。
❷ **f**にデザインピン（丸0.4×38mm）を通し、めがね留めする。同じものを計8個つくる。
❸ **b**にデザインピン（丸0.5×20mm）を通し、ピンの先端をカットして輪をつくる。同じものを計2個つくる。
❹ ③1個の輪を開き、4cmのチェーンの片方の端につないで閉じる。
❺ 全体図のとおりに、①の中央から2.5cm間隔で②、③1個、**c**、**d**、**e**を付ける。②は丸カンで2個をまとめて付け、③はピンの輪を開いて付け、**c**は丸カンで付ける。**d**、**e**はワイヤーでチャーム留めしながら直付けし、輪の向きを縦にする（p.71「チャーム留めの輪を縦にする方法」参照）。
❻ 全体図の**A**の位置に丸カンでカニカンを付け、**B**の位置に丸カンで④のチェーンの端を付ける。

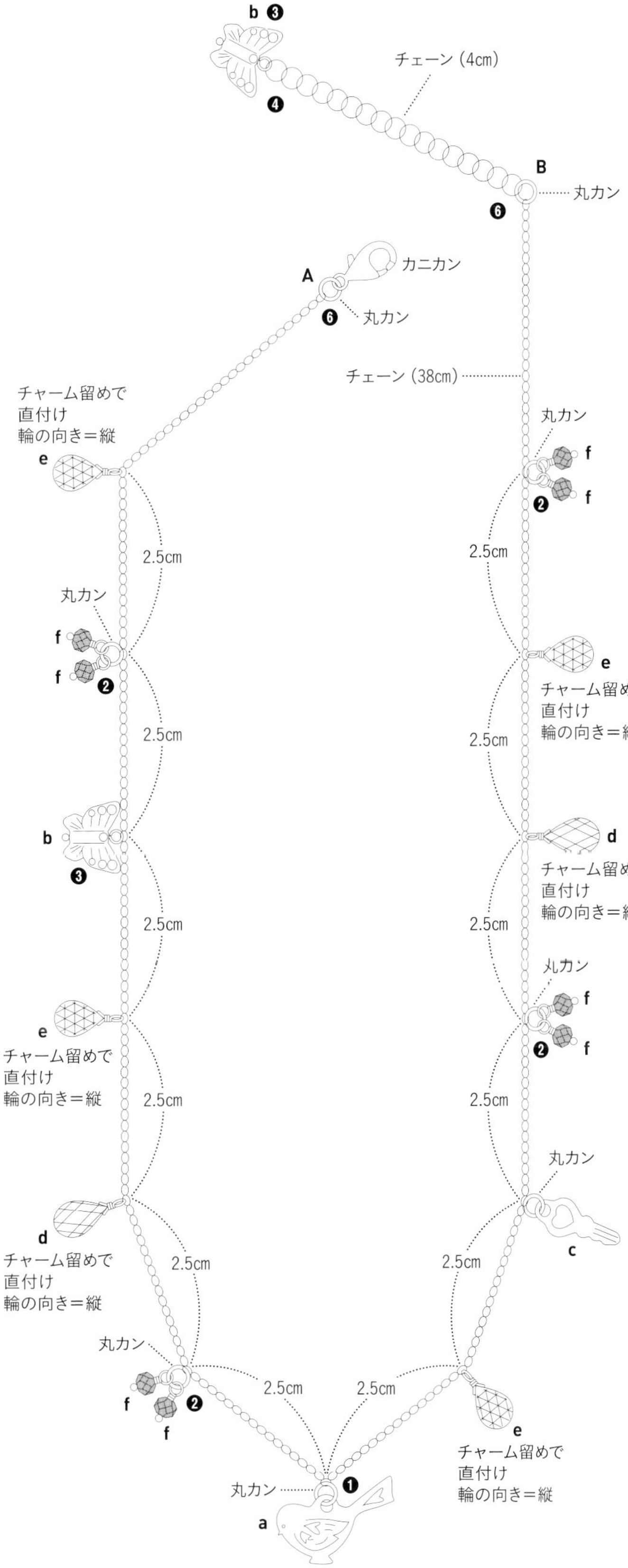

01 グリーンクォーツ×アメジストのリング

p.42掲載 〈**完成サイズ**〉約9号（サイズ調整可能）

通す　つなぐ　めがね留め

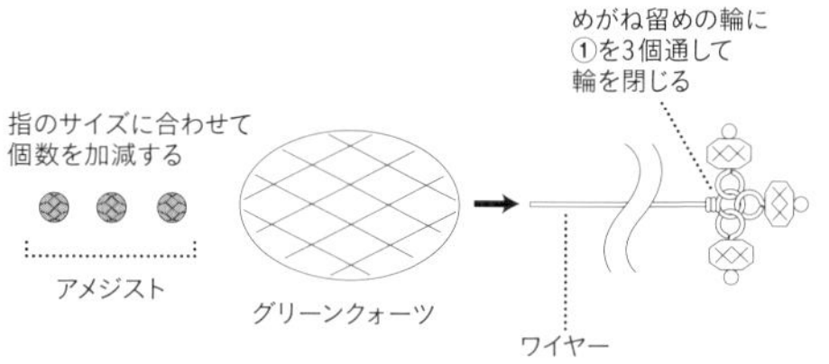

〈 材料 〉
グリーンクォーツ
（オーバルカット15×10mm）…1個
天然ジルコニア
（ボタンカット2×3mm）…6個
アメジスト（ラウンドカット2mm）…23個
（指のサイズに合わせて個数を調整）
デザインピン（丸0.5×20mm）…6本
ワイヤー（0.3mm）…16cm

〈 使う道具 〉
平ペンチ、丸ペンチ、ニッパー

〈 つくり方 〉
❶ 天然ジルコニアにデザインピンを通し、ピンの先端をカットして輪をつくる。同じものを計6個つくる。
❷ ワイヤーの片方の端にめがね留めの輪をつくり、①を3個通して輪を閉じる。
❸ ②のワイヤーのもう一方の端からグリーンクォーツを通す。
❹ ③に続けてアメジストを通す。指輪をつけたい指にあてて長さを確認しながら石の個数を加減し、サイズを調整する。
❺ ③で通したグリーンクォーツの穴に④のワイヤーを通す。穴の端でめがね留めの輪をつくり、①を3個通して輪を閉じ、余ったワイヤーをカットする。

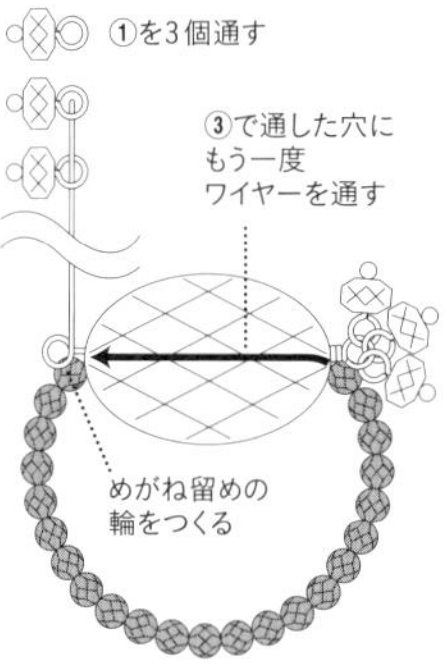

02 アイオライト×アメトリンのリング

p.42掲載 〈**完成サイズ**〉約10号

チャーム留め

〈 材料 〉
アイオライト
（ペアシェイプカット10×7mm）…1個
アメトリン（ドロップカット6×4mm）…8個
リング台（丸カン5個付き）…1個
チェーン（1.5mm幅）
…5mm×3本、1.3cm×1本
ワイヤー（0.3mm）…6cm×9本

〈 使う道具 〉
平ペンチ、丸ペンチ、ニッパー

〈 つくり方 〉
❶ アイオライトをワイヤーでチャーム留めしながら1.3cmのチェーンに直付けする。
❷ アメトリンをワイヤーでチャーム留めしながら5mmのチェーンに直付けする。同じものを計3個つくる。
❸ アメトリン1個にワイヤーを通し、チャーム留めの輪をつくる。輪に②1個、①のチェーンの先端を順に通し、リング台の中央のカンに直付けする（図1参照）。
❹ アメトリン1個にワイヤーを通し、チャーム留めの輪をつくる。輪に②1個のチェーンの先端を通し、③の隣のカンに直付けする。反対側の隣にも同じものをつくって付ける。
❺ リング台の両端のカンに、アメトリンを1個ずつそれぞれワイヤーでチャーム留めしながら直付けする。

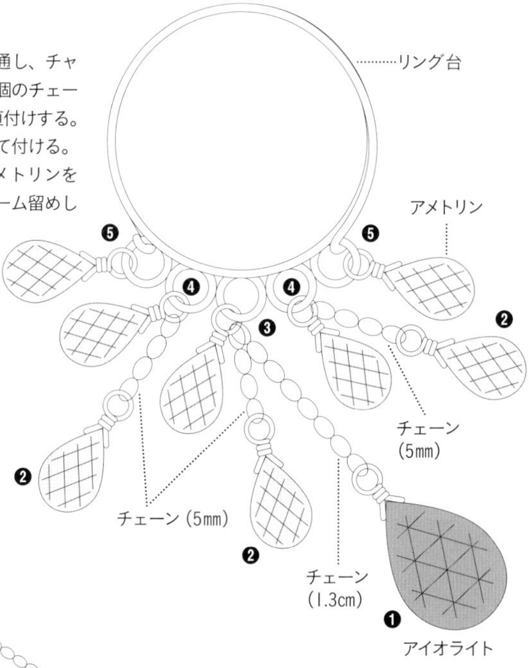

図1

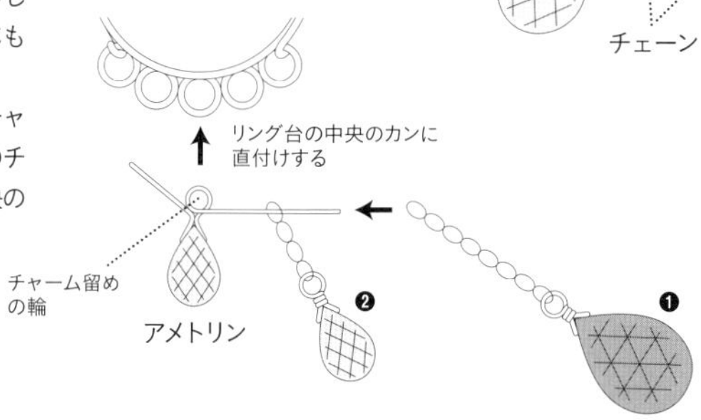

03 フローライト×シトリンのリング

p.43掲載 〈 **完成サイズ** 〉約12〜13号

チャーム留め　めがね留め

〈 材料 〉

a フローライト(ラウンドカット10mm)…1個
b レインボーフローライト(オニオンカット8×8mm)…1個
c ルチルクォーツ(オニオンカット9×10mm)…1個
d シトリン(ドロップカット9×5mm)…3個
リング台(丸カン1個付き)…1個
座金(5mm)…2個
デザインピン(丸0.4×38mm)…1本
丸カン(0.7×3.5mm)…1個
ワイヤー(0.3mm)…6cm×5本

〈 使う道具 〉

平ペンチ、丸ペンチ、ニッパー

〈 つくり方 〉

❶ デザインピンに座金、**a**、座金を順に通し、めがね留めする。
❷ **b**、**c**、**d**をそれぞれワイヤーでチャーム留めする。
❸ 丸カンを開き、**d**、**a**、**d**、**b**、**d**、**c**を順に通し(**d**が1個おきに入る)、最後にリング台のカンに通して閉じる。

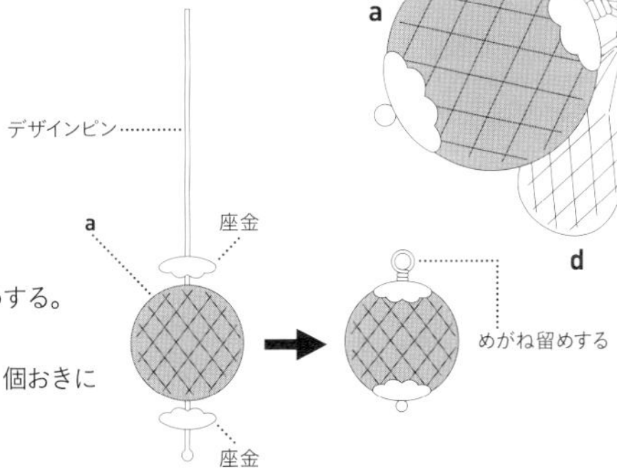

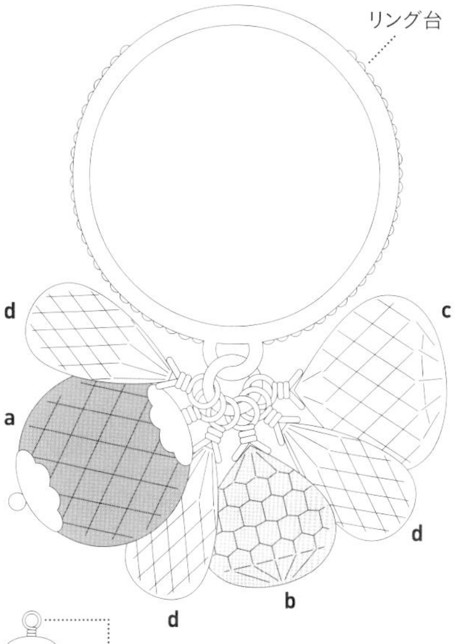

04 淡水パール×ルビーのリング

p.43掲載 〈 **完成サイズ** 〉約10号

通す　つなぐ　チャーム留め

図1

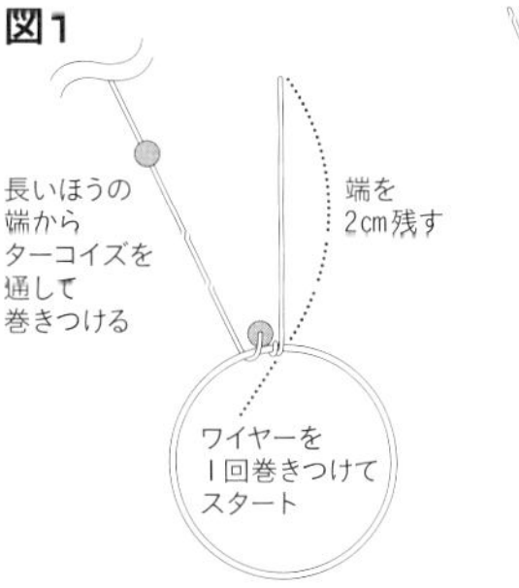

図3

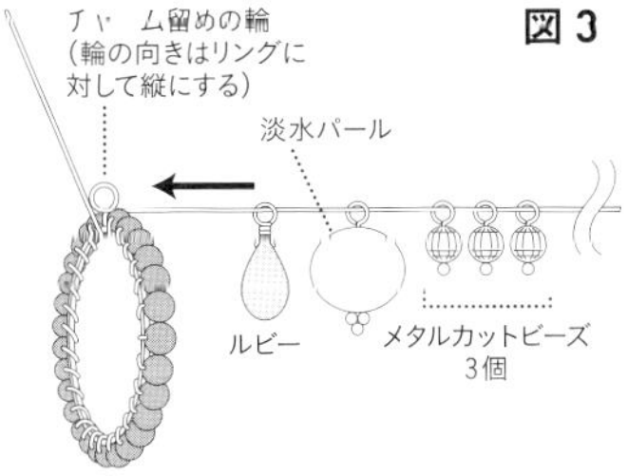

図2

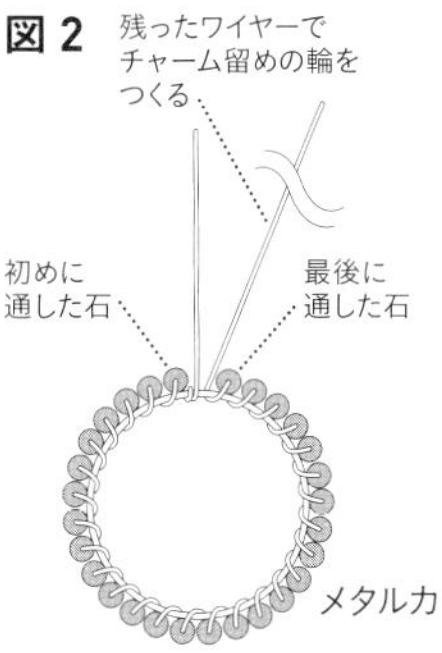

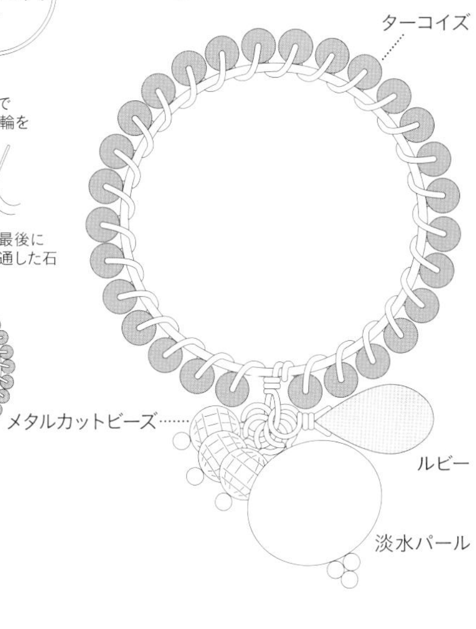

〈 材料 〉

淡水パール(ポテト シャンパンゴールド8×7mm)…1個
ルビー(ペアシェイプ7×4mm)…1個
ターコイズ(ラウンド2mm)…28個
(リングサイズ10号の場合。指のサイズに合わせて個数を調整)
リング台(1mm幅・10号)…1個
メタルカットビーズ(ラウンド2mm)…3個
デザインピン(丸0.5×20mm)…3本
デザインピン(クローバー0.6×30mm)…1本
ワイヤー(0.3mm)…6cm×1本、25cm×1本

〈 使う道具 〉

平ペンチ、丸ペンチ、ニッパー、定規

〈 つくり方 〉

❶ 6cmのワイヤーでルビーをチャーム留めする。
❷ 淡水パールにデザインピン(クローバー)を通し、ピンの先端をカットして輪をつくる。
❸ メタルカットビーズにデザインピン(丸)を通し、ピンの先端をカットして輪をつくる。同じものを計3個つくる。
❹ 25cmのワイヤーの端を2cm残してリング台に1回巻きつける。
❺ ④のワイヤーの長いほうの端からターコイズを1個通し、リングの外側に位置するようにワイヤーをしっかりと1回巻きつける。これを繰り返し、リングの外側に隙間なくターコイズが並ぶようにする(図1、図2参照)。途中、ターコイズの間に隙間ができたら爪で軽く寄せる。
❻ リング台にターコイズを1周巻きつけたら残ったワイヤーでチャーム留めの要領で輪をつくり、①、②、③を順に通す(図3参照)。④で残した2cmのワイヤーも巻き込みながら輪の根元にワイヤーを巻きつけて輪を閉じ、余分なワイヤーをカットする。

p1 ホワイトジュードの着せ替えネックレス

p.44掲載 〈**完成サイズ**〉長さ約81cm（ヘッド部分約6cm＆約3.5cm）

通す　結ぶ　つなぐ　チャーム留め

〈**材料**〉

a シェル（ペアシェイプカット16×10mm）…1個
b クリソプレーズ（ペアシェイプカット6×4mm）…3個
c カーネリアン（マロンカット5×4.5mm）…1個
d ホワイトジュード（ラウンドカット2mm）…77cm分
メタルパーツ（LOVE）…1個
メタルパーツ（星）…1個
カン付きチャーム…1個
メタルビーズ（丸玉2mm）…20個
メタルビーズ（スジ丸玉3mm）…4個
カニカン（10mm）…1個
U字金具…2個
つぶし玉（2mm）…2個
デザインピン（丸0.5×20mm）…4本
丸カン（0.7×3.5mm）…2個
チェーン（1mm幅）…2.2cm
ワイヤー（0.3mm）…6cm×5本、8cm×2本
シルクビーズコード（ホワイト0.35mm）…90cm

〈**使う道具**〉

平ペンチ、丸ペンチ、ニッパー、目打ち、定規、接着剤

〈**つくり方**〉

❶ つぶし玉、U字金具にビーズコードを通して端の処理をする（p.78「ビーズコードとU字金具を使った端の処理方法」参照）。ビーズコードに**d**をすべて通して石の際で隙間ができないように一つ結びをし、つぶし玉とU字金具で端の処理をする。
❷ ①の片方の端に丸カンでカニカンを付け、もう一方の端に丸カンでメタルパーツ（星）とメタルパーツ（LOVE）をひとつにまとめて付ける。
❸ **c**を6cmのワイヤーでチャーム留めする。
❹ カン付きチャームの下部の3つのカンに、それぞれ**b**を6cmのワイヤーでチャーム留めしながら直付けする。このとき、輪の向きは縦にする（p.71「チャーム留めの輪を縦にする方法」参照）。
❺ デザインピンにメタルビーズ（スジ丸玉）を通し、ピンの先端をカットして輪をつくる。同じものを計4個つくる。
❻ チェーンの片方の端に、**a**を6cmのワイヤーでチャーム留めしながら直付けする。
❼ ⑥と同じチェーンのコマに⑤2個の輪を開いてつなぐ。さらに、その隣のコマに⑤2個を同様にしてつなぐ（図1参照）。
❽ メタルビーズ（丸玉）10個に8cmのワイヤーを通し、全体の形をしずく形に整える（図2参照）。チャーム留めの要領でワイヤーで輪をつくり、チャーム留めしながら⑦のチェーンのもう一方の端に直付けする（図3参照）。
❾ ⑧と同様に、メタルビーズ（丸玉）10個に8cmのワイヤーを通し、全体の形をしずく形に整え、チャーム留めの要領でワイヤーで輪をつくり、輪に③と④の上部のカンを通してから閉じる。
❿ ⑧と⑨のメタルビーズの輪を②のカニカンのほうから通す。

図1

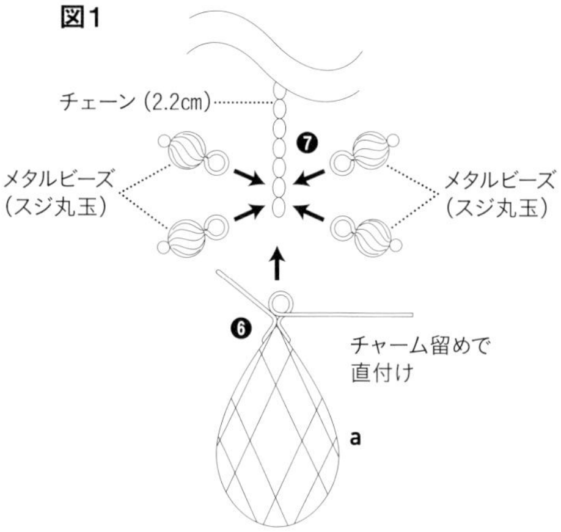

図2

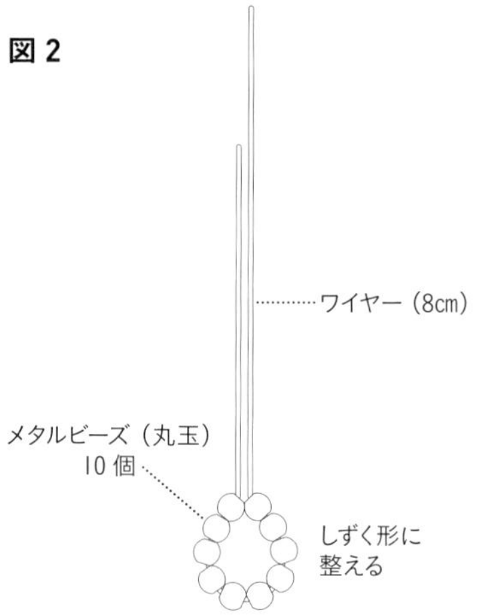

図3

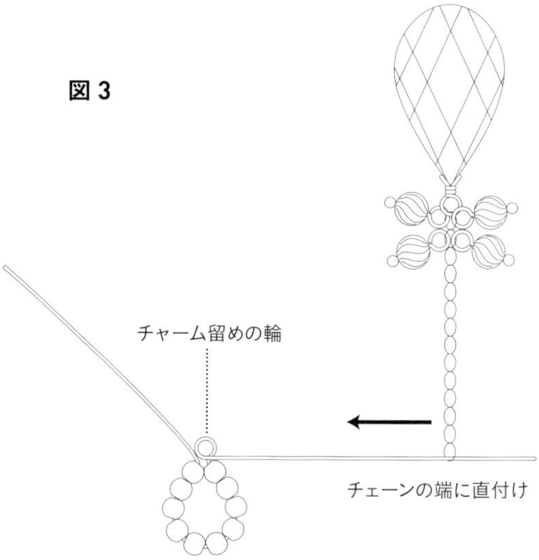

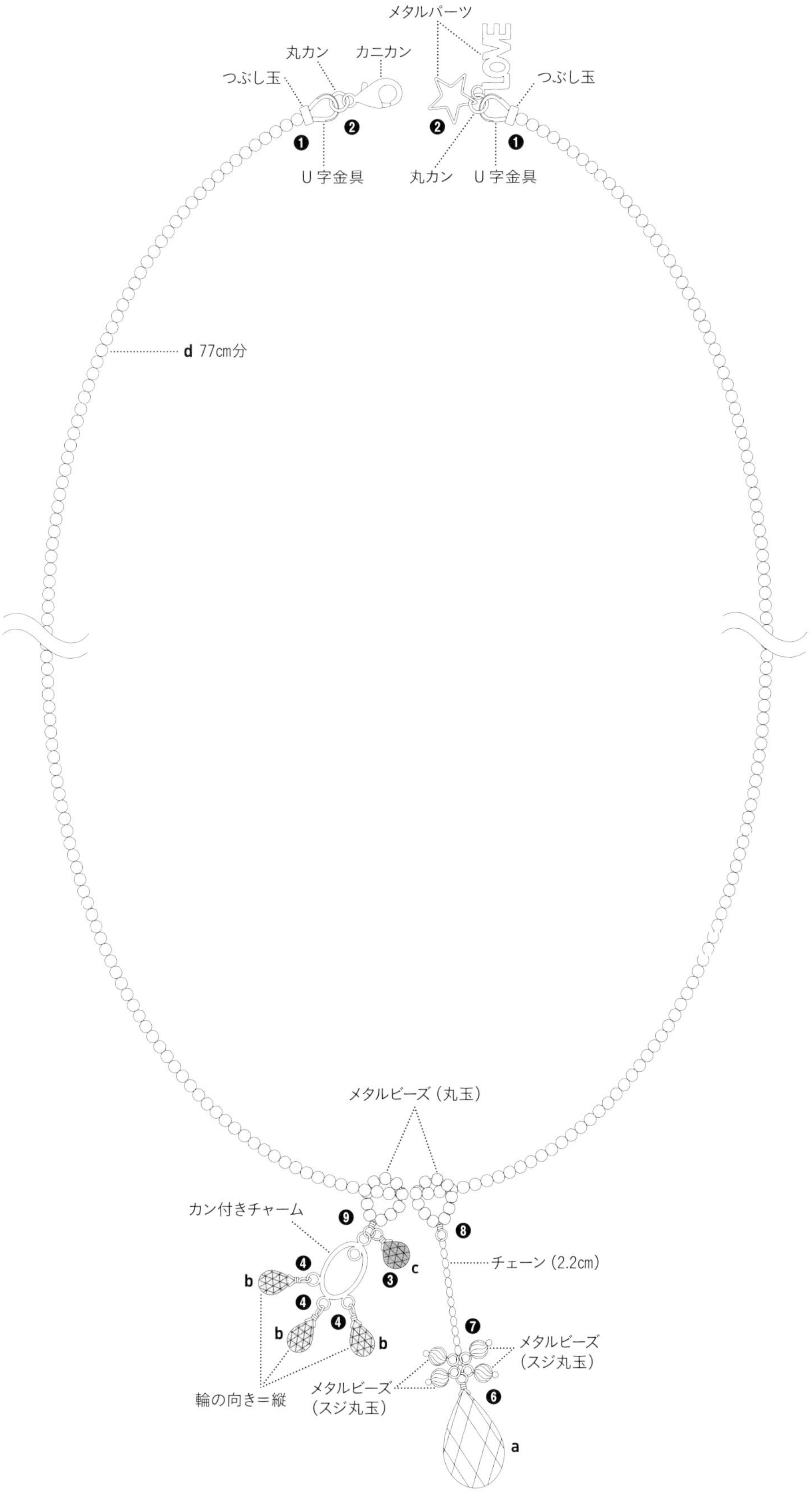
メタルパーツ
丸カン
カニカン
つぶし玉
つぶし玉
❶
❷
❷
❶
U 字金具
丸カン
U 字金具
d 77cm分
メタルビーズ（丸玉）
カン付きチャーム
❾
❽
チェーン（2.2cm）
❹
b
c
❸
❹
❹
b
b
❼
メタルビーズ
（スジ丸玉）
輪の向き＝縦
メタルビーズ
（スジ丸玉）
❻
a

P2 セパレートできるロングネックレス

p.45掲載 〈 **完成サイズ** 〉長さ約78.5cm（淡水パールネックレスの長さ約39cm、クリソプレーズネックレスの長さ約39.5cm）

つなぐ　チャーム留め　めがね留め

〈 材料 〉
a クリソプレーズ
（マロンカット10×10mm）… 1個
b ピンクトパーズ
（マロンカット8×8mm）… 2個
c アパタイト
（ドロップカット7×4mm）… 3個
d ルチルクォーツ
（ラウンドカット4mm）… 7個
e 淡水パール（ポテト6.5×7mm）… 1個
ヒキワ（5mm）… 2個
デザイン丸カン（6mm）… 2個
デザインピン（丸0.5×20mm）… 1本
デザインピン（丸0.4×38mm）… 7本
丸カン（0.7×3.5mm）… 4個
チェーン（1mm幅）… 38cm
チェーン（3mm幅）… 38cm
ワイヤー（0.3mm）… 6cm×6本

〈 使う道具 〉
平ペンチ、丸ペンチ、ニッパー、定規

〈 つくり方 〉
❶ **e**にデザインピン（丸0.5×20mm）を通し、先端をカットして輪をつくる。輪を開き、チェーン（3mm幅）の中央のコマにつなぐ。
❷ ①のチェーンの片方の端に丸カンでヒキワを付け、もう一方の端に丸カンでデザイン丸カンを付ける。
❸ チェーン（1mm幅）の中央のコマに**a**をワイヤーでチャーム留めしながら直付けする。輪の向きは縦にする（p.71「チャーム留めの輪を縦にする方法」参照）。
❹ 全体図のとおりに、③のチェーンの中央から2.5cm間隔で、**b**と**c**をワイヤーでチャーム留めしながら直付けし、**d**をデザインピン（丸0.4×38mm）でめがね留めしながら直付けする。
❺ 全体図の**A**の位置に丸カンでヒキワを付け、**B**の位置に丸カンでデザイン丸カンを付ける。
❻ ②と⑤をヒキワとデザイン丸カンでつないで1本にする。

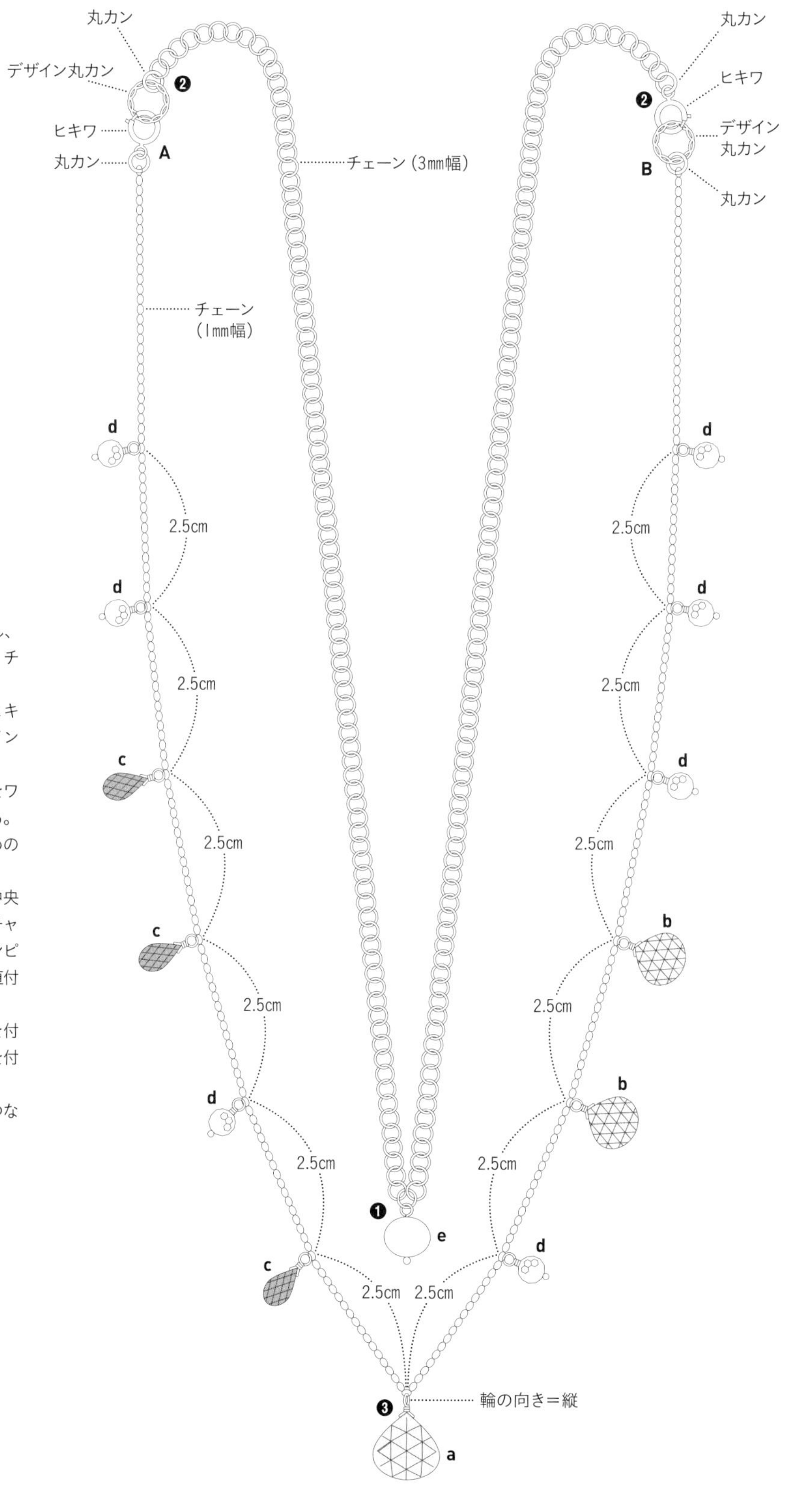

column

自分スタイルにアレンジを楽しむ

イヤリング派は ピアス金具の付け替えを

気に入ったデザインを見つけても、ピアスだと知ってがっかり……。ピアス穴をあけていないイヤリング派なら、そんな経験があることでしょう。でも、ジュエリーづくりに慣れてくれれば、ピアスをイヤリングにリフォームするのは実はとても簡単。

たとえば「スモーキークォーツ×ピンクトパーズのピアス」（写真左上・p.24掲載）は、C形のピアス金具のかわりに、フープタイプのイヤリングにパーツを通すだけでイヤリングに。「ラブラドライト×ガーネットのピアス」（写真右上・p.31掲載）は、ピアス金具のかわりにネジバネ式のイヤリング金具のカンにパーツを付ければOK。「華やかパールピアス」（写真下・p.32掲載）は、ピアスポストに通すパーツをフープタイプのイヤリングに通すだけ。こうしたアレンジ方法を覚えると、ジュエリーを手づくりするときはもちろん、既製のピアスをイヤリングにリフォームすることも可能。時間もほとんどかからず、とても簡単です。道具を使わずにリフォームできるものもあります。

付け替えるイヤリング金具は、基本的にはデザインやつけ心地の好みで選んでOK。もともとの雰囲気を大切にしたいなら、「スモーキークォーツ×ピンクトパーズのピアス」の例のように、似たデザインのものを選ぶといいでしょう。

ただし、フープピアスに直接、石やパーツを通したタイプは、イヤリング金具への付け替えは難しいでしょう。

スモーキークォーツ×ピンクトパーズのピアス

ラブラドライト×ガーネットのピアス

華やかパールピアス

アジャスターを長めにすれば 使う範囲がぐんと広がる

ネックレスの長さは、つけたときの印象を左右する、デザインの重要な要素。その日のファッションによっても、どんな長さのジュエリーがマッチするのか悩むものです。

そこで重宝するのが、アジャスター付きネックレス。5〜7㎝の長めアジャスターがおすすめです。素肌の上にのせるようにタイトにつける38㎝のカジュアルネックレスを、アジャスターで伸ばすことで、ニットの上からもゆったりつけられる45㎝の長めネックレスにスイッチすることも可能。シャツの襟の間からバランスよく見える長さに調整することもできます。

また、アジャスターの先端を天然石やチャームで飾るのもおすすめ。アジャスターを前に垂らすとY形ネックレスにもなる、2WAY仕様として楽しめます。

レシピと同じパーツがないときの対応策

ショップで材料を揃えている途中に「レシピと同じパーツがない！」とつまずくことがあります。チャームや金具の場合は、大型店へ足を運んでみましょう。とくにハート、星、鍵をモチーフにしたチャームなどはそれぞれにコーナーがあるほど品揃えが豊富なので、イメージに近い代用品が見つかる可能性が大。金具の場合はネットショップを利用するのも一案。材料名、サイズを入力して検索できるので、目的のものがストレスなく見つかります。

実物を見て選びたい天然石の場合は、ショップに電話で問い合わせを。種類、カット、大きさを伝え、希望のものが見つかったところで取り置きを依頼。そのうえで足を運ぶと効率的です。

また、自分の好みで選んだパーツを使ってアレンジするのもひとつの手です。作品の世界観やデザインのまとまりをこわさないよう、レシピのパーツと色や大きさ、質感などを揃えるようにすれば、イメージが大きくずれることはないでしょう。

横堀美穂 よこぼり・みほ

アクセサリー・ジュエリーデザイナー。
アクセサリーメーカー勤務後に独立し、オリジナルブランド「Gold Cake」を主宰。
女性らしい繊細なデザインと色使いの美しさから、多くの女性たちの支持を得る。
顧客ひとりひとりの美意識と個性を活かして製作するオーダーメイドジュエリーや、
オリジナルデザインのジュエリーづくりを学べるワークショップも好評。
本書に掲載したジュエリーの一部のキットを下記のホームページで販売中。
著書に『初めてつくる洗練の天然石ジュエリー』（講談社）がある。

Gold Cake（ゴールドケーキ）ホームページ→ **http://www.goldcake.jp**

ブックデザイン／ 河村かおり（yd）
撮影／ 伊藤泰寛（本社写真部）
スタイリスト／ 阿部美恵
イラスト／ 須藤裕子
編集協力／ 木村直子

撮影協力／ＥＡＳＥ

金属パーツ取り扱いショップ
○ 貴和製作所　ラフォーレ原宿店　電話 03-5775-4050　http://www.kiwaseisakujo.jp/
○ PARTS CLUB（エンドレス）　電話 0120-46-8290　http://www.partsclub.jp/
○ ビーズラウンジ浅草橋店　電話 03-5829-9868　http://beadslounge.jp

講談社の実用BOOK
基本《きほん》テクニックだけでつくる天然石《てんねんせき》ジュエリー

2013年11月28日　第1刷発行
2016年5月17日　第3刷発行

著　者／ 横堀《よこぼり》美《み》穂《ほ》

発行者／ 鈴木 哲
発行所／ 株式会社講談社
〒112-8001　東京都文京区音羽2-12-21
電話　編集 03-5395-3529　販売 03-5395-3606　業務 03-5395-3615
印刷所／ 大日本印刷株式会社
製本所／ 大口製本印刷株式会社

ISBN978-4-06-299797-3